STAURÄUME

STAURÄUME
Ideen für mehr Platz

Librero

Die Originalausgabe erschien 2018 unter dem Titel: *Tidying Up in Style*

© 2018 Librero IBP (für die deutschsprachige Ausgabe)
Postbus 72, 5330 AB Kerkdriel, Niederlande

© 2018 booq publishing, S.L.
Redaktion: Natalia Geci
Artdirection: Mireia Casanovas Soley

Produktion der deutschsprachigen Ausgabe:
Tanja Timmerman vertaling & redactie
Übersetzung: Sebastian Schaffmeister

Printed in India

ISBN: 978-94-6359-134-8

Volgens sommige theorieën ontstaat stress als ons interne ritme niet overeenkomt met ons externe ritme. Als dat wat om ons heen gebeurt niet in lijn is met dat wat in ons gebeurt. Er bestaan geen slechte of goede ritmes. Het is de botsing tussen beide die verstoring en ongemak veroorzaakt.

Ik zou zeggen dat iets soortgelijks gebeurt in relatie tot ons huis. Als onze verwachting of ons idee van wat een huis inhoudt niet overeenstemt met de plek waar we wonen, dan geeft dat stress omdat we niet in harmonie zijn met de ruimte en de spullen waarmee we ons omringen. Misschien zijn we ons er niet zo van bewust, maar leven we met een vervelend onbehaaglijk gevoel waardoor ons lichaam zich thuis niet kan ontspannen.

Het is van cruciaal belang dat we ons thuis op ons gemak voelen. Het is niet alleen onze veilige haven, de plek waar we steeds terugkeren om ons te ontspannen en weer op te laden, het is ook de plek van waaruit we de wereld betreden en observeren. Onze huizen zijn kleine wereldjes die we geleidelijk opbouwen. De manier waarop we onze ruimte bewonen definieert ons. Onze verhouding met objecten en de manier waarop we die organiseren en wegzetten zeggen iets over onze relatie met de wereld. Hoe zorgvuldiger en bewuster we omgaan met de manier waarop we thuis wonen, hoe soepeler en prettiger dat zal zijn.

Ik heb in huizen gewoond waar ik me niet op mijn gemak voelde. Om persoonlijke en gezinsredenen ben ik een paar keer verhuisd, niet alleen van huis maar ook van land. Door alle huizen die ik met mijn gezin opbouwde en weer ontmantelde, en door alle meubels die we erfden, bleef de hoeveelheid spullen maar groeien. Ik was niet langer de baas over mijn eigen ruimte, mijn huis stond verre van wie ik was: de situatie was uit de hand gelopen. Een van mijn assistenten schoot me te hulp en gaf me *Opgeruimd!* van Marie Kondo. Dit boek, dat verkooprecords brak, spoort de lezer aan om goed naar zijn eigendommen te kijken en alleen dat te bewaren waar hij blij van wordt. Dat boek veranderde mijn leven, net als dat van velen voor mij.

Er is al veel geschreven over organiseren en opruimen, maar de revolutie die Marie Kondo's boek teweegbracht, tilde alles naar een ander niveau. De chaos en onzekerheden van de moderne wereld, de onvoorspelbaarheid en de hectiek van alle veranderingen in de wereld, maken dat ons huis vandaag de dag meer dan ooit een stabiele en geordende plek moet zijn. Marie Kondo vertelt ons dat het belangrijk is om geluk te vinden in een van de weinige plekken waar we volledig de controle over hebben, ons huis.

Op deze bladzijden vind je naast de adviezen van Marie Kondo ook de leerstelling van Hideko Yamashita via *dansnari* (een Japanse opruimfilosofie), bepaalde feng-shuiprincipes en een paar tips op basis van mijn eigen ervaringen (als architect en bovenal als 'serieverhuizer').

Dit boek is geen decoratief handboek, het draait niet om goede of slechte smaak op het gebied van interieurdesign en het is ook geen lezing over de laatste trends. Dit boek nodigt de lezer uit om zijn huis met een frisse blik te bekijken. Het nodigt de lezer ook uit om zelfonderzoek te doen, om erachter te komen hoe hij wil leven en wat hij van zijn huis verwacht. Het is bedoeld om de lezer met veel foto's en een paar tips succesvolle middelen aan te reiken.

Einige Theorien vertreten die Ansicht, Stress trete auf, wenn unser innerer Rhythmus nicht mit dem externen Rhythmus übereinstimme; wenn das, was um uns herum geschieht, nicht mit dem in Einklang stehe, was in uns geschieht. Es gibt keine schlechten oder guten Rhythmen. Es ist der Konflikt zwischen den beiden, der Störungen und Unannehmlichkeiten verursacht.

Ich würde sagen, dass etwas Ähnliches in Bezug auf unser Zuhause passiert. Wenn unsere Vorstellung von einem Zuhause nicht mit dem Ort übereinstimmt, den wir bewohnen, löst das ein Gefühl von Stress von, da wir nicht in Harmonie mit dem Raum sind, den wir besetzen, und den Objekten, die uns umgeben. Vielleicht sind wir uns dessen nicht ganz bewusst, aber wir leben mit einem gewissen Unbehagen, das unseren Körper unfähig macht, sich in unserem eigenen Heim zu entspannen.

Es ist wichtig, dass wir uns zu Hause wohl fühlen, ist dies doch nicht nur unsere Zuflucht, der Ort, an den wir uns zurückziehen, um uns zu entspannen und zu stärken, sondern auch der Ort, von dem wir hinaus in die Welt gehen und sie beobachten. Es ist eine kleine Welt für sich, die wir uns im Laufe der Zeit erschaffen. Die Art und Weise, wie wir unseren Raum besetzen, macht uns aus. Unsere Beziehung zu Objekten und die Art, wie wir sie organisieren und ausstellen, spricht über unsere Beziehung zur Welt. Je rigoroser und bewusster wir zu Hause leben, desto flüssiger und angenehmer wird es sein.

Ich selbst habe in Häusern gelebt, in denen ich mich nicht wohl fühlte. Aus persönlichen und familiären Gründen habe ich mehrfach nicht nur den Ort sondern auch das Land gewechselt. So kamen im Laufe der Zeit immer mehr Gegenstände zusammen. Ich kontrollierte meinen eigenen Raum nicht mehr, mein Zuhause war weit davon entfernt, etwas mit mir zu tun zu haben: Die Situation war außer Kontrolle geraten. Einer meiner Assistenten kam zur Hilfe und gab mir das Buch „Magic Cleaning: Wie richtiges Aufräumen Ihr Leben verändert" von Marie Kondo. Dieses Buch, das Verkaufsrekorde brach, fordert den Leser auf, mit den Gegenständen, die er besitzt, gründlich umzugehen und nur jene zu behalten, die ihn glücklich machen. Wie bei vielen Menschen zuvor, hat dieses Buch mein Leben verändert.

Es wird viel über das Organisieren und Aufräumen geschrieben, aber die von Marie Kondos Buch ausgelöste Revolution hat die Dinge auf eine andere Ebene gebracht. Das Chaos und die Unsicherheit der modernen Welt, Unvorhersehbarkeit und hektische Veränderungen in der Außenwelt bedeuten, dass unser Zuhause heute mehr denn je ein Ort der Stabilität und Ordnung sein sollte. Marie Kondo sagt uns, dass wir dort unser Glück finden müssen, an einem der wenigen Orte, an denen wir etwas Kontrolle haben können.

Auf diesen Seiten stelle ich Ihnen neben den Gedanken von Marie Kondo die Lehren von Hideko Yamashita durch Danshari (ein japanischer Ansatz zum Aufräumen) sowie bestimmte Feng-Shui-Prinzipien vor und gebe Ihnen einige Tipps aus meiner eigenen Erfahrung als Architekt und vor allem als „Serienumzieher".

Dieses Buch ist kein Dekorationsleitfaden, es geht weder um guten oder schlechten Geschmack bei der Inneneinrichtung, noch will es über die neuesten Trends informieren. Es lädt Sie ein, Ihr Zuhause mit frischen Augen zu sehen.

El estrés, según algunas teorías, se produce cuando nuestro ritmo interno no coincide con el ritmo externo. Cuando lo que sucede alrededor nuestro no está en sintonía con lo que nos sucede internamente. No hay malos o buenos ritmos. Es el choque entre los dos el que produce el desajuste, la incomodidad.

Diría que algo parecido sucede en relación a nuestro hogar. Si nuestra expectativa o idea de lo que debería ser un hogar no coincide con el lugar que habitamos, se produce una sensación de estrés, ya que no estamos en sintonía con el espacio que ocupamos y con los objetos que nos rodean. Tal vez no sea del todo consciente, pero convivimos con un malestar sordo que hace que nuestro cuerpo no se termine de relajar en nuestra propia casa.

Es crucial que estemos a gusto en nuestro hogar, ya que no solo es nuestro refugio, el lugar al que volvemos a descansar y recargarnos de energía, sino que es el lugar desde el cual salimos al mundo y desde el cual lo observamos. Nuestros hogares son pequeños mundos que construimos a lo largo del tiempo. La manera en que habitamos nuestro espacio nos define. Nuestra relación con los objetos y la manera en que los ordenamos y exhibimos habla de nuestra relación con el mundo. Cuanto más rigurosa y consciente sea la manera en que habitamos nuestro hogar, más fluida y placentera será.

Los últimos años viví yo misma en casas en las que no me sentía a gusto. Por razones personales y familiares emprendí varias mudanzas, no solo de casas sino de países. Entre las varias casas que montamos y desmontamos con mi familia, y los muebles que fuimos heredando, se fueron acumulando más y más objetos. Ya no controlaba mis espacios, mi hogar estaba lejos de representarme: la situación se me había ido de las manos. Una de mis asistentes vino al rescate y me regaló el libro *La magia del orden* de Marie Kondo. Este libro, que batió récord de ventas, insta al lector a ser minucioso con los objetos que posee y a solo quedarse con lo que le hace feliz. Así como le sucedió a mucha gente, ese libro cambió mi vida.

Hay infinidad de cosas escritas sobre el orden y la organización, pero la revolución que significó el libro de Marie Kondo llevó esta temática a otros niveles. El caos y lo incierto del mundo actual, la impredecibilidad y los cambios frenéticos en el afuera hacen que hoy más que nunca necesitemos encontrar en el hogar un lugar de estabilidad y orden. Marie Kondo viene a decirnos que es importante encontrar la felicidad en uno de los pocos lugares en los que podemos tener cierto control, que es en nuestro hogar.

En estas páginas conviven los consejos de Marie Kondo, las enseñanzas de Hideko Yamashita a través del *Danshari* (método de orden japonés), elementos del *Feng Shui*, y consejos extraídos de mi propia experiencia (como arquitecta y, sobre todo, como «mudadora serial»).

Este libro no es un manual de decoración, no viene a hablar de un supuesto buen o mal gusto a la hora de hacer interiorismo, tampoco da cátedra sobre las últimas tendencias. Este libro invita al lector a que vea su casa con ojos nuevos. Lo invita también a hacer un ejercicio de introspección para entender de qué manera quiere vivir y qué quiere de su casa. Con muchas imágenes y algunos consejos, pretende darle las herramientas para lograrlo.

OPRUIMEN

Om ons in onze ruimte op ons gemak te voelen, moeten de spullen waarmee we ons omringen overeenstemmen met onze lifestyle, overtuigingen en smaak. Als dat niet het geval is, kunnen we dat alsnog bereiken door fysiek, maar vooral ook mentaal orde te scheppen.
Dit hoofdstuk bevat de belangrijkste theorieën op het gebied van opruimen en organiseren en helpt inzien hoe een opgeruimd huis en het strikt selecteren en behandelen van spullen kunnen helpen om bewuster en zorgvuldiger te kijken naar wat we echt in ons leven willen.

AUFRÄUMEN

Damit wir uns in unserem Raum wohlfühlen können, müssen die Dinge, die uns umgeben, mit unserem Lebensstil, Vorstellungen und Geschmack übereinstimmen. Wenn das nicht der Fall ist, gibt es Entwicklungen in der physischen, aber vor allem in der mentalen Welt, die uns helfen werden, dies zu erreichen.
Dieses Kapitel fasst die wichtigsten Theorien zum Aufräumen und zur Organisation zusammen und hilft uns zu verstehen, wie ein sauberes Zuhause und Gründlichkeit bei der Auswahl und Handhabung von Objekten dazu beitragen können, sich dessen bewusster zu werden, was wir wirklich in unserem Leben wollen.

A ORDENAR

Para sentirnos a gusto en nuestro espacio, lo que nos rodea y lo que poseemos debe coincidir con nuestro estilo de vida, con nuestras creencias y nuestros gustos. Si esto no sucede, hay movimientos por hacer en el orden de lo físico, y sobre todo en el orden de lo mental, para alcanzarlo.
Este capítulo resume las teorías mas relevantes respecto al orden y a la organización y ayuda a entender cómo desde el orden en el hogar y la rigurosidad con que se elige y se trata a los objetos, se puede tener una vida más consciente y cuidadosa de lo que realmente queremos.

Aan de slag
An die Arbeit
Manos a la obra

Laden vol stof, kapotte spullen, dingen waarvan je niet eens weet dat je ze hebt. Rommelige kasten waar een lawine van spullen uit valt als je ze opendoet. De deur die je niet open krijgt omdat hij ergens door geblokkeerd wordt. Je huis is vol overbodige spullen, je kunt niet vinden wat je nodig hebt en weet niet eens wat je allemaal hebt. Klinkt een van deze dingen je bekend in de oren? Lees dan vooral verder.

Staubige Schubladen, zerbrochene Gegenstände und nicht identifizierte Objekte. Die Schränke sind voller unorganisierter Gegenstände. Wenn Sie sie öffnen, fällt eine Lawine von Dingen heraus; die Tür kann nicht geöffnet werden, weil ein Objekt sie blockiert. Das Haus ist voll von unnötigen Gegenständen, wir können nicht finden, was wir brauchen, und wissen nicht einmal, was wir haben. Wenn Ihnen etwas in dieser Beschreibung bekannt vorkommt, lesen Sie weiter.

Los cajones desbordan de polvo, cosas rotas y objetos no identificados. Los armarios son una acumulación de cosas sin criterio, al abrirlos se cae una avalancha de cosas. Las puertas no se abren porque algún objeto lo impide. La casa está repleta de cosas innecesarias, no encontramos lo que necesitamos y ni siquiera sabemos lo que tenemos. Si algo en esta descripción te suena familiar, sigue leyendo.

Opruimen helpt je om je leven op orde te krijgen
Aufräumen hilft Ihnen, Ihr Leben neu zu ordnen
Al ordenar, reajustarás tu vida

Als je vastbesloten bent om op te ruimen, zul je merken dat je niet alleen je huis op orde brengt, maar dat je ook rust schept in andere aspecten van je leven. Vraag je af wat jouw motief is om op te ruimen en wat je er eerder van weerhield. Overbodige dingen wegdoen. Niet steeds meer overvallen worden door die volgestouwde kasten. Begin je opruimavontuur door de confrontatie met je spullen en de relatie die je ermee hebt aan te gaan.

Wenn Sie entschlossen sind, aufzuräumen, werden Sie feststellen, dass nicht nur Ihr Heim aufgeräumt wird, sondern sich auch andere Dinge in Ihrem Leben klären werden. Fragen Sie sich, warum Sie aufräumen möchten und was Sie daran hinderte. Trennen Sie sich von unnötigen Dingen. Lassen Sie sich nicht von überfüllten Schränken überwältigen. Beginnen Sie das Aufräumabenteuer, indem Sie Ihre Sachen und Ihre Beziehung zu den Dingen mal genauer anschauen.

Si estás decidido a hacer orden, verás que no solo se ordena tu casa sino que otras cosas en tu vida comienzan a acomodarse. Pregúntate cuáles son tus razones para ordenar y qué es lo que te lo estaba impidiendo. Deshazte de lo innecesario. Que esos armarios atiborrados no te sigan abrumando. Emprende la aventura de ordenar tu casa, de enfrentarte a tus objetos y a tu relación con las cosas.

ALS ONTDEKKINGSREIZIGERS
HEROVEREN WE ONZE PLEK EN
HERSTELLEN WE DE ENERGIE EN
RUIMTE DIE DOOR DE ROMMEL
OVERGENOMEN WAREN

ALS ENTDECKER GEHEN WIR
VORAN, UNSEREN PLATZ ZU EROBERN
UND DIE ENERGIE UND RAUM
WIEDERZUGEWINNEN, DIE DAS
DURCHEINANDER ÜBERNOMMEN HAT

COMO EXPLORADORES VAMOS A LA
CONQUISTA DE NUESTROS LUGARES
Y RECUPERAMOS LA ENERGÍA Y EL
ESPACIO QUE LA ACUMULACIÓN DE
COSAS TOMÓ

Wat is je visie?

Was denken Sie?

¿Cuál es tu visión?

Vraag je niet af wat bij je huis past – welke meubels, welke kleur op de muren –, maar wat je met je huis wilt. Wat is jouw visie voor deze ruimte? Als je dat beeld helder hebt, is het makkelijker om je opruimavontuur aan te gaan en de nodige handelingen te verrichten om dat ideaal te bereiken.

Anstatt sich zu fragen, was zu Ihrem Heim passt, welche Einrichtung, welche Wandfarbe, fragen Sie sich, was Sie von ihm erwarten. Was ist Ihre Vorstellung von diesem Raum? Von dieser Vorstellung ausgehend ist es leichter, das Abenteuer des Aufräumens und die notwendigen Schritte in Angriff zu nehmen, um sich diesem Ideal zu nähern.

En lugar de preguntarte qué le quedaría bien a tu casa, qué muebles, qué color de pared, pregúntate que quieres tú de ella. ¿Cuál es tu visión de ese espacio? A partir de esa visión es más sencillo emprender la aventura del orden y hacer los movimientos necesarios para acercarse a ese ideal.

ONZE HUIZEN ZIJN WERELDJES OP ZICH
BEDENK WAT JE VOOR JE HUIS WILT
WAT IS JOUW IDEALE LEVEN?

UNSER HEIM IST EINE WELT FÜR SICH
ÜBERLEGEN SIE, WAS SIE FÜR IHR HAUS WÜNSCHEN
WIE SIEHT IHR IDEALES LEBEN AUS?

NUESTROS HOGARES SON PEQUEÑOS MUNDOS
PIENSA QUÉ QUIERES DE TU CASA
¿CUÁL ES TU VIDA IDEAL?

Wat is jouw habitat?
Was ist Ihr Lebensraum?
¿Cuál es tu hábitat?

Wat voor soort ruimte vind je fijn voor jezelf? Wil je dat je huis, of jouw persoonlijke hoekje, een museum is waar je dierbare eigendommen liggen uitgestald? Wil je vooral een plek om vrienden te ontvangen, een liefdesnestje of een werkplek waar je al je creativiteit de ruimte kunt geven? Of wil je juist een minimalistische ruimte zonder overbodige franje?

Welche Umgebung möchten Sie für sich selbst? Möchten Sie, dass Ihr Heim ein Museum ist, das Ihre wertvollen Besitztümer zeigt? Möchten Sie vor allem einen Ort, um Freunde zu empfangen, ein Liebesnest oder einen Arbeitsplatz, an dem Sie Ihre Kreativität entfalten können? Oder möchten Sie einen minimalistischen und reduzierten Raum?

¿Qué tipo de espacio quieres para ti? ¿Quieres que tu casa, o tu rincón personal, sea un museo en el que exhibir tus posesiones preciadas? ¿Quieres sobre todo un lugar para recibir amigos, un nidito de amor o un lugar de trabajo donde puedas expresar tu creatividad? ¿O quieres un lugar minimalista y despojado?

Met nieuwe kleuren
Mit neuen Farben
Con colores nuevos

Als we nadenken over wat we wel en niet meer willen en beginnen met opruimen en uitzoeken, kijken we met een frisse blik naar en herontdekken we ons huis. Door spullen weg te doen, de kleuren aan te passen, meer lichtinval te creëren of meubels te verplaatsen kunnen we een nieuwe dynamiek ontdekken en zelfs nieuwe gewoonten ontwikkelen. De manier waarop we ons binnen die ruimte bewegen verandert, en wij veranderen mee.

Wenn wir darüber nachdenken, was wir wollen und was wir nicht mehr wollen, und anfangen, aufzuräumen und selektive Bewegungen zu übernehmen, entdecken wir unser Zuhause neu. Indem wir uns von Sachen trennen, Farben anpassen, mehr Licht hereinlassen, Möbel bewegen, entdecken wir neue Dynamiken und nehmen bisweilen sogar neue Gewohnheiten an. Unsere Bewegungen in diesem Raum verändern sich, und wir verändern uns mit ihnen.

Al reflexionar sobre lo que queremos y lo que no queremos más y al emprender movimientos de orden y de selección, echamos una mirada nueva a nuestra casa y la redescubrimos. Despojándonos de cosas, ajustando colores, dejando entrar más luz, moviendo muebles de sitio, podemos descubrir dinámicas nuevas e incluso adquirir nuevos hábitos. Nuestros movimientos en ese espacio cambian y nosotros cambiamos.

Doe alles in één keer
Machen Sie alles auf einmal
Hazlo de una sola vez

Ruim in één keer op en doe het goed. Maak van het opruimen iets bijzonders, een feest van zelfonderzoek, een ontmoeting met je spullen. Het kan een paar dagen of weken in beslag nemen, maar doe het voor eens en altijd, zodat je het achter de rug hebt. Het is een opruimmarathon waar je nooit spijt van zult krijgen. Als je klaar bent zul je een frisse wind door je huis zien waaien.

Nur einmal aufräumen, aber richtig. Machen Sie dieses Aufräumen zu einem Ereignis, zu einem Fest der Selbstbeobachtung und einer Begegnung mit Ihren Sachen. Das kann mehrere Tage oder Wochen dauern, aber machen Sie es ein für allemal – und dann Schluss damit! Es ist ein Aufräummarathon, den Sie nie bereuen werden. Sobald Sie fertig sind, wird Ihr Zuhause eine frische Brise durchwehen.

Organiza una sola vez y hazlo bien. Convierte este evento de ordenar tu hogar en algo especial, que sea una fiesta de introspección y de encuentro con tus objetos. Puede llevar varios días o semanas, pero hazlo de un tirón y termínalo. Es una maratón del orden de la que no te arrepentirás. Una vez terminado verás correr aire fresco por tu casa.

Sorteer je spullen per categorie
Ordnen Sie nach Kategorien
Ordena los objetos por categorías

Organiseer je spullen niet kamer voor kamer, maar per categorie. Dit betekent dat je alle spullen die tot dezelfde categorie behoren verzamelt. Om bijvoorbeeld orde te scheppen in je kleding, verzamel je alle kledingstukken die je in huis hebt op één plek, kijk je hoeveel je hebt en begin je daarna pas met selecteren. De categorieën die we onderscheiden: kleding, accessoires, boeken, papieren, diversen, keukenspullen, badkamerspullen.

Organisieren Sie Ihre Sachen nicht nach Räumen, sondern nach Kategorien. Dies bedeutet, dass alle Objekte, die zur selben Kategorie gehören, gesammelt werden. Um zum Beispiel Kleidung zu organisieren, sollten Sie alle Kleider, die Sie im Haus haben, an einem Ort zusammentragen, sehen, wie viele Sie haben, und erst dann aufräumen. Kategorien können dann zusammengefasst werden als: Kleidung, Accessoires, Bücher, Papiere, verschiedene Artikel, Küche und Badezimmerartikel.

No ordenes tus objetos habitación por habitación, sino por categorías. Esto significa juntar todos los objetos pertenecientes a una misma categoría. Para ordenar, por ejemplo la ropa, deberías reunir todas las prendas de la casa en un sitio único, ver qué cantidad tienes y solo entonces comenzar con el orden. Las categorías las podemos resumir en: ropa, accesorios, libros, papeles, artículos varios, artículos de cocina y artículos de baño.

Berg nog niets op
Noch nichts weglegen
No guardes nada aún

Je bergt je spullen pas op als je klaar bent met selecteren. Pas op het moment dat je weet wat je wel en niet houdt, kun je de juiste plek voor je spullen vinden. Bewaar tot die tijd alles wat je geselecteerd hebt in tassen en zet die in een hoek. Als het selectieproces is afgerond, zoek je voor elk ding de plek die het verdient.

Dinge sollten erst abgelegt werden, wenn die Auswahl abgeschlossen ist. Erst wenn Sie wissen, was aufbewahrt wird und was nicht, werden Sie in der Lage sein, einen geeigneten Ort für Ihre Sachen zu finden. In der Zwischenzeit können Sie das ausgewählte Objekt beiseitelegen. Sobald der Prozess beendet ist, finden Sie für jedes Objekt den Ort, den es verdient.

Solo conviene hacer el almacenaje definitivo de las cosas una vez que se haya finalizado el proceso de selección de objetos. Una vez que sepas qué queda y qué no y de qué dispones, es cuando vas a poder encontrar un lugar apropiado para tus objetos. Mientras tanto los objetos que vayas seleccionando los puedes dejar en bolsas en un rincón. Una vez finalizado el proceso encontrarás el hogar que merece cada objeto.

Alleen de spullen waar je blij van wordt
Nur die Dinge, die Sie glücklich machen
Solo lo que te dé felicidad

Dat is de sleutel van dit proces en wat deze manier van opruimen zo effectief maakt. Het geeft inzicht in de relatie die we met onze spullen hebben en kan ook op andere vlakken doorgevoerd worden. We vragen ons dan niet alleen af of we blij worden van onze spullen, maar ook of een situatie, een plek, een baan of een persoon goed voor ons is of juist iets van ons weghoudt. Als dat het criterium is, wordt het veel simpeler om te kiezen en te beslissen.

Dies ist der Schlüssel zu diesem Prozess und was diesen Ansatz aufzuräumen so mächtig macht. Er hilft uns, unsere Beziehung zu den Objekten zu klären, und kann auch auf andere Felder übertragen werden. Wir fangen an, uns nicht nur zu fragen, ob Dinge uns glücklich machen, sondern ob uns irgendeine Situation, ein Ort, eine Arbeit oder eine Person guttut oder etwas von uns wegnimmt. Wenn dies das Kriterium ist, werden Auswahl und Entscheidung einfacher.

Esta es la clave de este proceso y lo que hace este método de orden tan poderoso. Nos ayuda a ver nuestra relación con los objetos y esto se traslada a otros ámbitos. Empezamos a preguntarnos no solo si los objetos nos hacen felices, sino alguna situación, un lugar un trabajo o una persona nos está haciendo bien o si nos resta. Cuando ese es el criterio, elegir y decidir se vuelve más sencillo.

DE BESTE MANIER OM TE BEPALEN WAT WEL EN NIET WEG MOET, IS DOOR ELK VOORWERP BEET TE PAKKEN EN JEZELF TE VRAGEN: 'WORD IK HIER BLIJ VAN?' IS HET ANTWOORD JA, HOUD HET DAN

Marie Kondo

DIE BESTE ART HERAUSZUFINDEN, WAS SIE BEHALTEN UND VERWERFEN SOLLEN, IST, JEDEN GEGENSTAND ZU BETRACHTEN UND SICH ZU FRAGEN: „MACHT ER MICH GLÜCKLICH?" WENN ER DAS TUT, BEHALTEN SIE IHN

Marie Kondo

LA MEJOR MANERA DE ELEGIR QUÉ GUARDAR Y QUÉ DESECHAR ES TOMAR CADA OBJETO CON LA MANO Y PREGUNTARTE: "¿ESTO ME HACE FELIZ?" SI ES ASÍ, CONSÉRVALO

Marie Kondo

Verlicht door het proces
An Klarheit gewinnen
Iluminados por el proceso

We gaan de confrontatie met alle spullen in huis een voor een aan door ze goed te bekijken, na te denken over hoe zinvol, hoe mooi ze zijn, of we eraan hechten en hoe blij we ervan worden. Deze oefening, die we steeds maar weer herhalen, maakt onze zintuigen scherper. Het selectieproces maakt ons gevoeliger en intuïtiever.

Wir übernehmen die Aufgabe, alle Objekte im Haus nacheinander zu prüfen. Diese Übung schärft, da wir sie immer wieder ausführen, unsere Sinne. Der Auswahlprozess macht uns sensibler und intuitiver.

Emprendemos la tarea de enfrentarnos uno por uno a todos los objetos de la casa, a examinarlos, a reflexionar sobre su utilidad, su belleza, nuestro apego a ellos y el grado de felicidad que nos brindan. Este ejercicio, al repetirse una y otra vez, hace que se afinen nuestros sentidos. El proceso de selección nos hace más sensibles e intuitivos.

TIJDENSHETSELECTERENVINDENDIEPGAANDE
VERANDERINGEN PLAATS. WE WORDEN ONS
BEWUSTER VAN DE RELATIE DIE WE MET ONZE
SPULLEN HEBBEN EN WORDEN ALERTER OP DE
DINGEN DIE ONS GOED DOEN

WÄHREND WIR AUSWÄHLEN, ERFOLGEN
TIEFGREIFENDE ÄNDERUNGEN. DAS
BEWUSSTSEIN FÜR UNSERE BEZIEHUNG ZU DEN
DINGEN WIRD SENSIBILISIERT UND WIR WERDEN
AUFMERKSAMER FÜR DINGE, DIE UNS GUTTUN

EN EL PROCESO DE SELECCIÓN SE PRODUCEN
CAMBIOS PROFUNDOS. NUESTRA CONCIENCIA
DE LA RELACIÓN CON LAS COSAS SE AFINA Y
ESTAMOS MÁS ATENTOS A VER QUÉ COSAS
NOS HACEN BIEN

William Morris zei het al
Das sagte schon William Morris
Ya lo decía William Morris

Tegenwoordig worden we het meest gedreven door het concept geluk. In de tijd dat de ideeën over schoonheid uniformer waren, vormden die het selectiecriterium voor spullen. Maar tegenwoordig bepaalt iedereen zelf wat hij mooi vindt. De liefde voor mooie spullen is er nog steeds, maar meer dan ooit is het kwestie van persoonlijke smaak.

Heutzutage ist es das Konzept des Glücks, das uns am meisten bewegt. In einer anderen Zeit, in der das Konzept der Schönheit einheitlicher war, war dies der Parameter, der verwendet wurde, um ein Objekt auszuwählen. Der Kanon der Schönheit wurden erweitert, und der Protagonist wurde zum Thema. Was intakt bleibt, ist die Liebe zu schönen Objekten, aber mehr denn je liegt die Schönheit in den Augen des Betrachters.

En esta era es el concepto de felicidad es el que más nos mueve. En otra época en el que el concepto de belleza era más uniforme, era este el parámetro para elegir un objeto. Los cánones de belleza se ampliaron y el protagonista pasó a ser el sujeto. Lo que sigue intacto es el amor por los objetos bellos, aunque ahora más que nunca la belleza depende de los ojos con que se mire.

HEB NIETS IN HUIS WAARVAN JE
HET **NUT NIET INZIET** OF WAT JE
NIET MOOI VINDT
William Morris

HABEN SIE NICHTS IM HAUS, VOM
DEM SIE NICHT DENKEN, DASS ES
NÜTZLICH ODER SCHÖN IST
William Morris

NO TENGAS NADA EN TU HOGAR
QUE NO CREAS ÚTIL O BELLO
William Morris

De kern is weggooien
Der Schlüssel ist wegzuwerfen
La clave es tirar

Als je de confrontatie met je spullen aangaat, moet je in charge blijven. Ik ben de spil met betrekking tot dit voorwerp. Het gaat er niet om of het voorwerp op zich 'nog nuttig' is, maar of ik er 'op dit moment iets aan heb'. Alles draait om nu. Het doel is om weg te gooien wat we niet nodig hebben. Heb ik er op dit moment iets aan? Soms worden we slaaf van onze bezittingen, dus vraag je af: voegt dit voorwerp iets toe of houdt het iets bij me weg?

Wir müssen uns den Objekten stellen, indem wir uns in die Entscheiderrolle versetzen. Es geht weniger darum, ob das Objekt noch nützlich ist, sondern ob es zu diesem Zeitpunkt für mich funktioniert. Das Jetzt ist entscheidend. Ziel ist es, das zu verwerfen, was wir nicht brauchen: Funktioniert es zu diesem Zeitpunkt für mich? Manchmal werden wir zu Sklaven unseres Besitzes, also müssen Sie sich fragen: Gibt mir dieses Objekt etwas oder nimmt es mir etwas?

Debemos enfrentarnos a los objetos poniéndonos a nosotros como protagonistas. El eje soy yo en relación al objeto; no es: "el objeto sirve todavía" sino "el objeto me sirve a mí en este momento". El eje temporal es ahora. El objetivo es deshacerse de lo que no necesitamos preguntándonos: ¿me sirve en el momento actual? A veces nos convertimos en esclavos de nuestras posesiones, por lo que hay que preguntarse: ¿este objeto me suma o me resta?

WORD IK HIER BLIJ VAN?
OF IS HET EEN LAST?

MACHT MICH EIN GEGENSTAND
GLÜCKLICH?
ODER IST ER EINE LAST?

¿ESTE OBJETO ME DA FELICIDAD
O ES UNA CARGA?

'Ooit' bestaat niet
„Eines Tages" existiert nicht
"Algún día" no existe

Als ik iets heb, dan is dat omdat ik het gebruik en niet omdat ik het misschien ooit nog kán gebruiken. We hebben heel veel spullen die we niet gebruiken maar die ons wel bezighouden: 'ooit komt het van pas, ooit is het handig'. Kapotte spullen die we nog wel een keer laten maken, dingen die we allang niet meer gebruiken maar toch bewaren 'voor het geval dat'. Als je het momenteel niet gebruikt, dan is het overbodig en moet je het wegdoen om ruimte te maken voor iets nieuws.

Wenn ich etwas habe, dann deshalb, weil ich es benutzen möchte, und nicht wegen der Möglichkeit, dass ich es irgendwann benutzen könnte. Wir haben viele Dinge, die wir nicht verwenden, aber wir denken weiter: „Eines Tages werde ich es benutzen." Defekte Gegenstände, die wir eines Tages reparieren werden, Dinge, die wir vor langer Zeit aufgegeben haben, die wir aber „nur für den Fall" behalten. Wenn es heute nicht benutzt wird, ist es nicht nützlich und sollte verworfen werden, um Platz für etwas Neues zu schaffen.

Si tengo algo es porque lo uso y no por la posibilidad de usarlo en algún momento. Tenemos infinidad de objetos que no usamos pero que conservamos pensando: "algún día lo utilizaré, algún día me servirá para algo". Objetos rotos que contamos con arreglar algún día, cosas que hace tiempo dejamos de usar pero que conservamos "por las dudas". Si no se usa hoy, no sirve, y conviene desecharlo para dejar lugar para algo nuevo.

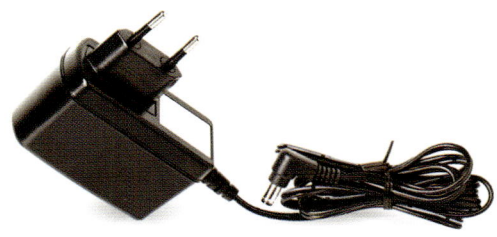

De angst om te falen
Das Bild des Scheiterns
La imagen del fracaso

Hoe vaak raken we wel niet in een on-werkbare situatie verzeild omdat we denken 'ik ben nu al zo ver, er is geen weg meer terug' en blijven we ons steeds verder ingraven? Soms kun je er beter maar gewoon korte metten mee maken, accepteren dat je het mis had, dat het niet werkte, en verdergaan. Hetzelfde geldt voor spullen: accepteer dat het beter is om iets wat niet goed voelt, wat niet bij je past en wat je alleen maar om schijnredenen bewaart, weg te doen.

Wie oft geraten wir in eine Sackgasse, weil wir denken „Wenn ich so weit gegangen bin, gibt es kein Zurück mehr"? Manchmal ist es am besten, einen Schnitt zu machen, zu akzeptieren, dass wir falsch lagen, und weiterzumachen. Dasselbe gilt für Objekte: Wir müssen akzeptieren, dass es besser ist loszuwerden, was uns unbehaglich macht, was uns nicht repräsentiert und uns nur den Schein wahren lässt.

Cuántas veces seguimos sosteniendo una situación que no funciona porque pensamos "si llegué hasta aquí, no lo puedo cortar" y seguimos cavando una fosa cada vez más profunda. A veces es mejor cortar por lo sano, aceptar que nos equivocamos, que no funcionó y seguir adelante. Lo mismo con los objetos: aceptar que es mejor deshacerse de un objeto que nos incomoda, no nos representa y que solo mantenemos por valoraciones externas.

DOE DAT DESIGNOBJECT WAAR JE ZO VEEL VOOR BETAALD HEBT EN DAT JE NOOIT GEBRUIKT ZO SNEL MOGELIJK **WEG**. HET HERINNERT JE ALLEEN MAAR AAN **JE VERGISSING** EN GEEFT JE EEN GEVOEL VAN FALEN

LASSEN SIE ES LOS, SO SCHNELL WIE MÖGLICH, DAS DESIGNERTEIL, FÜR DAS SIE SO VIEL BEZAHLT UND NIE BENUTZT HABEN, WENN SIE FESTSTELLEN MÜSSEN, DASS SIE **EINEN FEHLER GEMACHT** HABEN

DESHAZTE CUANTO ANTES DE ESE TRAJE DE DISEÑADOR QUE TE COSTÓ MUY CARO Y NUNCA USASTE, VERLO TE RECUERDA **EL ERROR** Y TE DA UNA SENSACIÓN DE FRACASO

Wat voor persoon wil ik zijn?
Wer möchte ich sein?
¿Qué persona quiero ser?

Door alleen de dingen te gebruiken die we echt waarderen en zorgvuldig geselecteerd hebben, ontwikkelen en definiëren we een nieuwe 'ik'. We omringen ons dan met dingen die ons vertegenwoordigen. We stellen kwaliteit boven kwantiteit. Dit is van invloed op ons zelfbeeld en maakt de relatie met onze spullen oprechter en consistenter.

Indem wir nur Dinge verwenden, die wir mögen und sorgfältig auswählen, entwickeln und definieren wir ein neues „Ich". Wir fangen an, uns mit Dingen zu umgeben, die uns repräsentieren. Wir ziehen Qualität der Quantität vor. Dies beeinflusst unsere Selbstwahrnehmung, und unsere Beziehung zu Objekten wird echter und nahtloser.

Al utilizar solo cosas que nos gustan y que seleccionamos concienzudamente, terminamos por desarrollar y definir un nuevo "yo". Empecemos a rodearnos de cosas que nos representan. Prioricemos la calidad frente a la cantidad. Esto repercutirá en nuestra valoración de nosotros mismos y nuestra relación con los objetos será mas verdadera y fluida.

ALS WE BESLISSEN WAT VOOR SOORT
PERSOON WE WILLEN ZIJN GAAN WE ONS
OMRINGEN MET SPULLEN DIE AANSLUITEN
BIJ HET IDEAAL WAAR WE NAAR STREVEN

Hideko Yamashita

WENN WIR UNS ENTSCHEIDEN, WER WIR
SEIN MÖCHTEN, BEGINNEN WIR, UNS MIT
GEGENSTÄNDEN ZU UMGEBEN, DIE UNS
DIESEM IDEAL NÄHERBRINGEN

Hideko Yamashita

CUANDO DECIDIMOS QUÉ CLASE DE
PERSONA QUEREMOS SER, EMPEZAMOS
A RODEARNOS DE COSAS APROPIADAS A
ESE IDEAL AL QUE ASPIRAMOS

Hideko Yamashita

Hartkloppingen in de 'taxfreeshop'
Herzklopfen beim Billigheimer
Taquicardia en el «freeshop»

Je hebt oneindig veel keuze op het gebied van consumptiegoederen. Als je gaat shoppen vechten er honderden kleurige en aantrekkelijke voorwerpen om je aandacht. Deze overdaad aan informatie en keuzemogelijkheden kan verlammend werken en stress veroorzaken. Je kunt dit tackelen door je zelfkennis te vergroten en te gaan winkelen met een helder beeld van de spullen waarmee je je wilt omringen.

Wenn es um Konsumgüter geht, haben wir unendlich viele Möglichkeiten: Wir gehen einkaufen und treffen auf Hunderte von hübschen Dingen, die um unsere Aufmerksamkeit buhlen. Diese Informations- und Entscheidungsüberlastung kann uns lähmen oder großen Stress auslösen. Dagegen hilft, dass wir mit einer klaren Vorstellung von den Objekten einkaufen gehen, mit denen wir uns umgeben möchten.

Tenemos un sinfín de posibilidades de elección cuando se trata de objetos de consumo. Vamos de compras y hay cientos de objetos brillantes y atractivos peleándose por nuestra atención. Este exceso de información y de decisiones por tomar nos paraliza o nos causa un gran estrés. La manera de contrarrestar esto es conocernos más y salir de compras con una idea clara de los objetos de los cuales me quiero rodear.

GA NIET
WINKELEN ZONDER
PLAN
DENK GOED NA OVER WAT
JE NODIG HEBT EN WEES
STRENG VOOR JEZELF

GEHEN SIE NICHT
EINKAUFEN OHNE
PLAN
DENKEN SIE GENAU
NACH, WAS SIE BRAUCHEN,
UND SEIEN SIE **STRENG**

NO SALGAS
DE COMPRAS SIN TENER
UN PLAN
PIENSA
CUIDADOSAMENTE EN
LO QUE NECESITAS Y
MANTENTE **FIRME**

Verschuif niet naar morgen wat je vandaag nog kunt gebruiken
Lassen Sie nicht für morgen, was Sie heute verwenden können
No dejes para mañana lo que puedes usar hoy

Het gebeurt vaak dat we bepaalde spullen niet gebruiken omdat we er zuinig op zijn, omdat we bang zijn dat ze stuk gaan, omdat ze te luxe voor ons zijn of omdat we op het juiste moment wachten. Maar in de tussentijd raken al die gratis proefmonsters die we op reis verzameld hebben over de datum en staan die kristallen glazen onder in de kast stof te verzamelen.

Oft benutzen wir bestimmte Objekte nicht, weil wir befürchten, dass sie kaputtgehen, weil wir glauben, dass sie zu wertvoll sind, oder noch auf den richtigen Zeitpunkt warten. Unterdessen haben die kostenlosen Proben, die wir auf Reisen benutzen wollten, ihr Verfallsdatum erreicht, und der geschliffene Glasbecher verstaubt auf dem Boden eines Schrankes.

A menudo no usamos determinados objetos por cuidarlos, por miedo a que se rompan, porque los creemos demasiado lujosos para nosotros o porque esperamos el momento ideal. Mientras tanto, las muestras gratis que esperamos usar en los viajes nos caducan y la copa de cristal acumula polvo en el fondo de un armario.

Elk ding op de juiste plek
Alles an seinem Platz
Cada cosa en su lugar

Voorwerpen komen tot hun recht als ze op de juiste plek staan. Probeer ze in het zicht te houden of zorg ervoor dat je er gemakkelijk bij kunt, want 'wat je niet kunt zien, bestaat ook niet'.
Hanteer voor het indelen van je spullen een simpel systeem dat niet meer dan drie voorwerpen omvat. Bij een ingewikkeld indelingssysteem kost het je alleen maar extra tijd om je te herinneren wat de criteria ook alweer waren voor datgene wat je zoekt.

Objekte leuchten, wenn sie am rechten Platz sind. Versuchen Sie, sie im Blick zu behalten, oder stellen Sie sicher, dass Sie leichten Zugriff haben, denn: Was Sie nicht sehen können, ist nicht da.
Wenn es darum geht, zu klassifizieren, denken Sie sich ein einfaches System aus nicht mehr als drei Elementen. Wenn das Klassifizierungssystem sehr kompliziert ist, werden Sie Zeit verlieren, wenn Sie versuchen, sich daran zu erinnern, welches Kriterium Sie verwendet haben, um das zu klassifizieren, wonach Sie suchen.

Los objetos resplandecen cuando se les encuentra un lugar apropiado. Procura tenerlos a la vista o que el acceso a ellos sea fácil, porque «lo que no se ve no existe».
A la hora de clasificar piensa en un sistema simple de no más de tres ítems. Si el sistema de clasificación es muy complicado perderás tiempo tratando de recordar bajo qué criterio habías clasificado lo que estás buscando.

ZOEK

VOOR ELK VOORWERP EEN **GESCHIKTE, VASTE PLEK** WAAR JE MAKKELIJK BIJ KUNT HOUD JE **INDELING EENVOUDIG**, ANDERS VERLIES JE JE IN JE RANGSCHIKKING

FINDEN SIE

EINEN **ANGEMESSENEN ORT** FÜR JEDES TEIL, SELBSTVERSTÄNDLICH UND LEICHT ZUGÄNGLICH **NICHT ERBSEN ZÄHLEN,** DAMIT SIE SICH IN IHREM ORDNUNGSSYSTEM NICHT VERLIEREN

ENCUENTRA

UN **LUGAR APROPIADO** PARA CADA COSA, DE ACCESO FÁCIL Y FLUIDO **NO SOBRECLASIFIQUES** YA QUE TE PEDERÁS EN LA CLASIFICACIÓN

Berg op overeenkomstig je gewoonten
Lagern Sie die Dinge nach Ihren Gewohnheiten
Guarda según tus hábitos

Denk voor je gaat opbergen na over de loop in huis, over de natuurlijke volgorde waar voorwerpen naar neigen, over jouw gewoonten en die van je gezinsleden. De plek waar je dingen opbergt moet in harmonie zijn met de bewegingen in huis, zodat het opbergen soepel verloopt. Als de plek daarmee in strijd is, wordt het heel omslachtig om de boel op orde te houden

Bevor Sie Dinge lagern, denken Sie darüber nach, welche Wege Sie und Ihre Leute zuhause gehen und welche Gewohnheiten Sie haben. Die Orte, an denen Sie Dinge aufbewahren, müssen mit Ihren Bewegungen im Haus harmonieren, damit die Lagerung geschmeidig ist. Wenn wir das nicht beherzigen, wird es sehr mühsam, die Dinge in Ordnung zu halten.

Antes de guardar piensa en cómo es el movimiento de la casa, cuál es el orden natural hacia el que gravitan los objetos, cuáles son tus hábitos y los de tu familia. Los lugares donde guardes las cosas deben estar en sintonía con los movimientos de la casa para que el almacenaje sea fluido. Si donde decidimos colocar los objetos va a contramano de los movimientos de la casa, mantener el orden se vuelve muy engorroso.

RANGSCHIK
JE SPULLEN NAAR JE
HUISHOUDELIJKE GEWOONTEN

BERG
JE SPULLEN OP IN EEN
NATUURLIJKE VOLGORDE

ORDNEN SIE
DINGE NACH IHREN TÄGLICHEN
ERFORDERNISSEN

LAGERN SIE
GEGENSTÄNDE IN IHRER
NATÜRLICHEN REIHENFOLGE

ORDENA
SEGUN LOS HÁBITOS
DE LA CASA

GUARDA
SEGUN EL ORDEN NATURAL
DE LAS COSAS

Bespaar onnodig geloop
Unnötige Bewegung sparen
Economiza los movimientos

Bij restaurantkeukens en operatiezalen worden de bewegingen getimed en meegenomen in het ontwerp, voor optimale efficiëntie. Dit om nodeloze bewegingen te voorkomen. Voer iets van deze soepele en efficiënte geest door in je dagelijkse handelingen. Als je bijvoorbeeld net voor je de deur uitgaat parfum opdoet, zet je parfumfles dan vlak bij de deur en niet daar waar hij volgens het boekje hoort te staan.

In Restaurantküchen oder Operationssälen werden Bewegungen auf optimale Effizienz hin ausgelegt, die Idee ist Bewegung zu sparen. Übernehmen Sie etwas von dieser Flüssigkeit und Effizienz für Ihre täglichen Handlungen. Wenn Sie sich zum Beispiel als Letztes vor dem Verlassen des Hauses mit Parfum besprühen, legen Sie den Flacon in der Nähe des Ausgangs.

En las cocinas de restaurantes o en las salas de quirófano los movimientos están cronometrados y pensados para una óptima eficiencia, la idea es economizar movimientos. Adopta algo de este espíritu de fluidez y eficiencia para actos que repites diariamente. Si por ejemplo ponerte perfume es lo último que haces antes de salir, colócalo cerca de la salida, y no simplemente donde se supone que debería ir.

Haal plezier uit je dagelijkse handelingen
Finden Sie Vergnügen an täglichen Handlungen
Encontrar placer en los actos diarios

Probeer je dagelijkse handelingen om te zetten in heilige rituelen. Vind schoonheid en souplesse in de manier waarop je door het huis beweegt. Als je laden je aan een doos bonbons doen denken, dan word je blij als je er een opentrekt om er een kledingstuk uit te pakken. Geef de voorwerpen die je selecteert een ziel en geniet van de kleine dingen.

Versuchen Sie, Ihre alltäglichen Handlungen in heilige Rituale umzuwandeln. Erkennen Sie die Schönheit und Flüssigkeit Ihrer Bewegungen im Haus. Wenn Ihre Schubladen Sie an eine Schachtel Pralinen erinnern, wird es Sie aufmuntern, sie zu öffnen und ein Kleidungsstück zu entfernen. Geben Sie den Objekten, die Sie auswählen, Seele und vergnügen Sie sich mit kleinen Dingen.

Procura que tus actos cotidianos sean rituales sagrados. Encuentra la belleza y la fluidez en tus movimientos dentro de la casa. Si tus cajones te recuerdan a una caja de bombones, el abrirlos para sacar una prenda te alegrará la vista. Ponle alma a los objetos que eliges y diviértete con lo pequeño.

Je leven na het opruimen
Das Leben nach dem Aufräumen
La vida después del orden

Als je je huis grondig opruimt, treed je het leven vanuit een fijnere en frissere omgeving tegemoet. Het geeft je ook een helderder idee van waar je heen wilt en van wat voor soort persoon je wilt zijn. Dit selecteren van dingen die we wel en niet willen houden, traint ons om betere beslissingen te nemen en zorgt ervoor dat we naar onze ware aard toe groeien.

Nachdem Sie Ihr Haus gründlich aufgeräumt haben, wird Ihnen eine angenehmere und frischere Umgebung helfen, das Leben zu meistern. Sie werden auch eine klarere Vorstellung davon bekommen, wohin Sie hin wollen und welche Art von Person Sie sein möchten. Auszuwählen, was wir wollen und was nicht, führt uns zu besseren Entscheidungen und hilft uns, unserer wahren Natur näher zu kommen.

Después de haber ordenado concienzudamente tu casa, tendrás un entorno más agradable y fresco desde donde enfrentar la vida. Tendrás también una idea más clara de hacia dónde quieres ir y de qué tipo de persona quieres ser. El proceso de selección de lo que queremos y de lo que no queremos nos entrena a tomar mejores decisiones y nos ayuda a estar más cerca de nuestra verdadera naturaleza.

NA HET OPRUIMEN

VAN JE HUIS **WEET JE BETER WAAR JE NAARTOE WILT** EN HEB JE EEN HELDER BEELD VAN WAARUIT JE BETER BESLISSINGEN KUNT NEMEN

NACH DEM AUFRÄUMEN

WERDEN SIE **MEHR VON SICH WISSEN** UND **BESSERE ENTSCHEIDUNGEN TREFFEN** KÖNNEN

DESPUÉS

DE ORDENAR TU CASA **ESTARÁS MÁS CERCA DE SABER HACIA DÓNDE QUIERES IR** Y TENDRÁS UN CRITERIO CLARO DESDE DONDE TOMAR MEJORES DECISIONES

MAXIMALE RUIMTE

Het effect van opruimen kan vergroot worden als het gepaard gaat met ontwerpideeën en kennis van zowel de spullen als de ruimte.
Als je denkt dat je opbergruimte tekortkomt of niet genoeg kastruimte hebt, kan een aantal kleine veranderingen wonderen verrichten.
De hoogte kan benut worden en muren, hoeken en smalle ruimten kunnen omgetoverd worden.
Leer met een frisse blik naar je huis kijken en haal er het maximale uit.

MAXIMALER PLATZ

Der Wirkung des Aufräumens kann gesteigert werden, wenn sie mit Designideen und einem Bewusstsein für Objekte und Räume einhergeht.
Wenn Sie denken, dass Ihnen Lagerfläche fehlt oder Sie nicht genügend Schränke haben, können Sie kleine Änderungen vornehmen, die Wunder wirken. Raumhöhen können wiederhergestellt und genutzt, Wandflächen, Ecken und Winkel in Magie verwandelt werden.
Lernen Sie Ihr Zuhause mit frischen Augen zu betrachten und sein maximales Potenzial auszuschöpfen.

MÁXIMO ESPACIO

El orden que se haga en el hogar se ve optimizado si se lo acompaña con ideas y conocimiento de diseño tanto para los objetos como para el espacio.
Si crees que te falta lugar de almacenaje o tus armarios no son suficientes, hay pequeños cambios que pueden hacer maravillas. La altura puede ser rescatada y utilizada, la superficie de las paredes aprovechada, las esquinas y rincones pueden convertirse en magia.
Aprende a mirar tu casa con nuevos ojos y sácale su máximo potencial.

Van vloer tot plafond
Vom Boden bis zur Decke
Del suelo al techo

Je kunt de hoogte op veel verschillende manieren benutten. Er bestaan eenvoudige maar ook extravagante ideeën, zoals dit speelse net dat een extra verdieping aan de ruimte toevoegt. Een andere manier om van de hoogte gebruik te maken is het aanbrengen van een tussenvloer, waarmee je veel opbergruimte creëert. De ruimte wordt door een trap afgebakend.

Sie können Raumhöhe auf vielerlei Art nutzen. Es gibt einfache und auch extravagante Ideen wie dieses Netz, das dem Raum spielerisch eine zusätzliche Ebene hinzufügt. Eine weitere Möglichkeit, die Vertikalität auszunutzen, besteht darin, eine Zwischenebene einzuziehen, um Lagerraum zu gewinnen und den Raum durch Treppen zu begrenzen.

Se puede hacer uso de la altura de muchas maneras. Hay ideas simples y otras extravagantes, como la de esta red que le añade de una manera lúdica un piso más a la estancia. Otra manera de aprovechar la verticalidad es hacer un doble piso, ganando una gran superficie de almacenaje y una delimitación del espacio mediante escalones.

Een mezzanine biedt geweldige mogelijkheden
Zwischenebenen mit Potenzial
Los entrepisos, un gran potencial

Een mezzanine deelt een ruimte in de hoogte in, bakent ruimten af en zorgt voor kostbare extra meters. Een deel van een ruimte is voldoende om een volledige werkplek te creëren. Ondanks de schaarse meters die de werkplekken innemen, is het gezichtsveld ruim als je van boven naar beneden kijkt. In beide gevallen doet de balustrade dienst als bureau.

Mezzanine helfen, die Raumhöhe zu unterteilen, Bereiche abzugrenzen und wertvolle zusätzliche Meter zu schaffen. Es braucht wenig, um einen ganzen Arbeitsraum zu schaffen. Trotz der knappen Meter, wo sich beide Schreibtische befinden, ist das Sichtfeld ist groß, wenn man von oben auf das Erdgeschoss schaut. In beiden Fällen sind die Treppengeländer Teil der Schreibtischkonstruktion.

Los entrepisos ayudan a cortar la altura, delimitan espacios y proveen de valiosos metros extra. Una porción de espacio basta para crear todo un lugar de trabajo. A pesar de los escasos metros en los que se desarrollan ambos escritorios, la amplitud visual es grande al poder observar desde arriba el piso de abajo. Las barandas funcionan en ambos casos como escritorio.

Gewonnen meters onder de trap
Treppen mit Raumgewinn
Metros ganados bajo la escalera

Loze ruimtes onder de trap zijn waarde-volle en nuttige meters. Als de opberg-ruimte de schuine helling van de trap volgt, zoals op deze foto's, wordt de ruim-te optimaal benut. Je kunt de kast open laten en als eenvoudige boekenkast ge-bruiken, maar je kunt er ook deurtjes en laden in hangen.

Hohlräume unter der Treppe sind wert-volle und nutzbare Raummeter. Wenn der Raum von Regalen begrenzt wird, die die diagonale Neigung der Treppe wie in die-sen Bildern widerspiegeln, wird er effizi-enter genutzt. Er kann offen belassen und wie eine einfache Regalwand verwendet werden – oder vielleicht doch lieber eine Kombination von geschlossenen Elemen-ten und Schubladen?

Los huecos de la escalera son metros va-liosos a utilizar. Si el espacio está delimi-tado por estantes que copian la diagonal de la escalera como en estas imágenes, el espacio se aprovecha más eficientemente. Se puede dejar abierto como simples es-tantes o hacer una combinación de estan-tes cerrados y cajones.

Meubels tot aan het plafond
Möbel bis unter die Decke
Muebles hasta el techo

Maatwerkmeubels zijn ideaal om van de volledige hoogte van de muur te profiteren, omdat je daarmee obstakels kunt omzeilen en ze aan kunt passen aan de vorm van de muur of het plafond. Het volledig benutten van de hoogte voegt extra opbergmeters toe en geeft een groter gevoel van ruimte doordat de hoogte van de ruimte visueel benadrukt wordt.

Maßgefertigte Möbel sind ideal, um die gesamte Wandhöhe zu nutzen, da sie Hindernisse überwinden und sich an jede Wand- oder Deckenform anpassen können. Die Nutzung der gesamten Höhe erhöht die Lagerfläche und erzeugt ein größeres Raumgefühl.

Los muebles a medida son ideales para aprovechar la altura total de la pared, ya que pueden salvar obstáculos y adaptarse a cualquier forma que tenga la pared o el techo. Ocupar toda la altura añade metros de almacenaje y genera una mayor sensación de amplitud al traer visualmente la altura al espacio.

Denk ook aan de deuren
Denken Sie auch an die Türen
Piensa también en las puertas

Kastdeuren kunnen het verschil maken. Meestal zijn ze ondoorzichtig, maar je kunt de kamer ruimer laten lijken door voor spiegeldeuren of transparante glazen deuren te kiezen. Deze laatste beschermen de kastinhoud tegen stof en voegen visueel een paar meter aan de kamer toe.

Schranktüren können einen Unterschied machen. Sie sind meist lichtundurchlässig, aber Sie können den Eindruck größerer Raumweite erzeugen, indem Sie sich für verspiegelte oder transluzente Glastüren entscheiden. Letztere schützen den Inhalt weiterhin vor Staub und fügen dem Raum optisch einige Meter hinzu.

Las puertas de los armarios pueden crear la diferencia. En su mayoría son opacas, pero se puede crear la impresión de mayor amplitud en la habitación al optar por una puerta de espejos o por puertas de vidrio translúcido. Estas últimas siguen protegiendo al interior del polvo y visualmente se le suman unos metros a la habitación.

Een verborgen wereld
Versteckte Welt
Un mundo escondido

Deze gesloten kasten vallen niet op, maar als de deuren opengaan onthullen ze een hele wereld. Eén kast verbergt een volledige keuken die pas ontdekt wordt als de deuren opzijgeschoven worden. Achter de andere zit een slaapkamer met een opklapbed, televisie en zelfs een bureau met een boekenplank. Hier zien we hoe een eenvoudige kast een eindeloze bron van bruikbare ruimte kan zijn.

Diese geschlossenen Schränke bleiben unbemerkt, aber wenn sie geöffnet werden, enthüllen sie Welten. Hinter einer Schranktür verbirgt sich eine komplette Küche, hinter einer anderen ein Schlafzimmer mit einem Klappbett, ein Fernsehbereich und gar ein Schreibtisch mit einem Bücherregal. Hier sehen wir, wie sich ein einfacher Schrank fast unbeschränkt nutzen lässt.

Estos armarios cerrados pasan desapercibidos pero, al abrirlos, revelan mundos. Uno esconde una cocina completa que se descubre al deslizarse sus puertas. Otro contiene un dormitorio con cama abatible, una zona de televisión y hasta un escritorio con biblioteca. Aquí vemos cómo un simple armario puede ser una fuente inagotable de espacio para aprovechar.

Kasten in drie lagen
Schrank in drei Schichten
Armarios en tres capas

Je kunt kastruimte ook maximaliseren door de kast van een dubbele deur te voorzien. In dit geval schuift de massieve deur in de kast en verschijnt er een smal metalen frame waar onder meer bekers en glazen aan hangen. Het frame kan ook omlaag geklapt worden: erachter zitten diepe planken. De functie van deze drielaagskast is maximaal aangewend.

Eine weitere Möglichkeit, den Platz in einem Schrank zu maximieren, besteht darin, ihn mit einer Doppeltür zu versehen. In diesem Fall gleitet eine solide Tür in den Schrank und hinter einen schmalen Metallrahmen, der etwa Tassen und Gläser enthält. Der Rahmen kann auch abgesenkt werden und weicht tieferen Regalen. Dieser dreischichtige Schrank optimiert seine Funktion in höchstem Maße.

Otra forma de maximizar el espacio en un armario es proveerlo de doble puerta. En este caso una puerta opaca se desliza al interior del armario y por detrás un marco estrecho de metal contiene objetos como vasos y tazas. El marco se abate también y deja paso a los estantes más profundos. Este armario de tres capas optimiza al máximo su función.

Hoekbureaus
Schreibecken
Escritorios en los rincones

In elke hoek van je huis kun je een bureau kwijt. Bij dit bureau onder de trap wordt het hutachtige karakter benadrukt door de houten betimmering op de witte muren. Als de ruimte klein is, kun je het best het nestachtige karakter ervan benadrukken en overdrijven.
Het smalle bureau links staat tussen een koof en een zijwand in.

Ein Schreibtisch kann sich in jede Ecke Ihres Hauses schleichen. Dieser Treppenhaustisch verstärkt den Eindruck einer Höhle, deren weiße Wände mit dunklem Holz bedeckt sind. Wenn der Raum klein ist, last sich gut seine nestartige Natur feiern und überspitzen.
Der schmale Schreibtisch links befand sich zwischen einer Säule und einer Wand.

Un escritorio puede colarse en cualquier rincón de la casa. En el escritorio del hueco de la escalera se reforzó la idea de cueva al cubrir las paredes blancas de madera oscura. Si el lugar es pequeño más vale celebrar y exagerar su carácter de nido.
El estrecho escritorio de la izquierda se situó en la porción de espacio que quedó entre una columna y la pared.

Benut hoeken optimaal
Machen Sie was aus Ihren Ecken
Sacarle partido a las esquinas

Hoekmeubels worden vaak over het hoofd gezien. Bij dit aanrecht bevat het hoekkastje draaiende planken waardoor je heel makkelijk bij de spullen kunt. Hoekkasten met planken zijn optimaal in gebruik als je extra opbergruimte tussen de planken en de gesloten deur vrijlaat.

Möbelecken werden oft übersehen. Bei dieser Arbeitsplatte enthält der Eckenraum rotierende Ablagen, die den Zugang zu den dort aufbewahrten Gegenständen ermöglichen. In Eckschränken mit Regalen bietet der Zwischenraum zwischen den Regalen und der geschlossenen Tür zusätzliche Lagermöglichkeiten.

Las esquinas en los muebles están muchas veces desaprovechadas. En el caso de esta encimera, la rinconera tiene bandejas giratorias que hacen muy fácil el acceso a los objetos allí guardados. En los armarios con estantes en esquina el aprovechamiento es óptimo, al dejar un espacio entre los estantes y la puerta cerrada para almacenamiento extra.

Lees- en relaxhoekjes
Lese- und Entspannungsoasen
Rincones de lectura y relax

Voor een leeshoek heb je niet meer dan een comfortabele leunstoel, een lees-lamp, wat lievelingsboeken en een bijzet-tafeltje voor je kop thee nodig.
Een paar kussens en een trap zijn genoeg om van de hoek links een uitnodigende relaxplek te maken.
Je hebt niet veel nodig om een plek te cre-eren die je helpt om je stressniveau om-laag te brengen.

Für eine Leseecke werden nur ein beque-mer Sessel, eine Leselampe, ein paar Lieb-lingsbücher und ein kleiner Tisch für Ihre Tasse Tee benötigt.
Ein paar Kissen und eine Stufe genügen, um die Ecke links zu einem Ort der Ruhe zu machen.
Mit nur wenigen Dingen können wir Orte schaffen, die uns helfen, unser Stresslevel zu senken.

Para un rincón de lectura basta un sillón confortable, una lámpara de luz focaliza-da, los libros favoritos cerca y una mesita para la taza de té.
Unos almohadones y un escalón son su-ficientes para que el rincón de la izquier-da se convierta en un lugar que invita al descanso.
Con poco creamos lugares que nos ayu-dan a bajar las revoluciones.

Zeelucht
Seeluft
Aire de mar

Hoe klein je stadsappartement ook is, je kunt van bijvoorbeeld de zee of het strand opvangen als je een paar voorwerpen in het zicht hebt die je aan die plekken herinneren. Je kunt een hoekje of een plank gebruiken voor je eigen toevluchtsoord en daar alles neerzetten waar je blij van wordt. Als je ernaar kijkt ben je even weg uit je dagelijkse beslommeringen.

So klein und urban Ihre Wohnung auch sein mag, Sie können zum Beispiel ein Stück Meer und Strand genießen, wenn Sie auf Objekte blicken, die Sie an diese Orte erinnern. Sie können diesem persönlichen Zufluchtsort eine Ecke oder ein Regal widmen, einschließlich allem, was Ihnen Freude bereitet. Wenn Sie es betrachten, werden Sie für einen Moment von Ihren Alltagssorgen wegkommen.

Por más pequeño y urbano que sea tu apartamento puedes gozar, por ejemplo, de un trozo de mar y playa, teniendo a la vista objetos que te remitan a esos lugares. Puedes dedicar un rincón o un estante a este santuario personal incluyendo todo aquello que te dé placer. Verlo te alejará por un instante de las preocupaciones diarias.

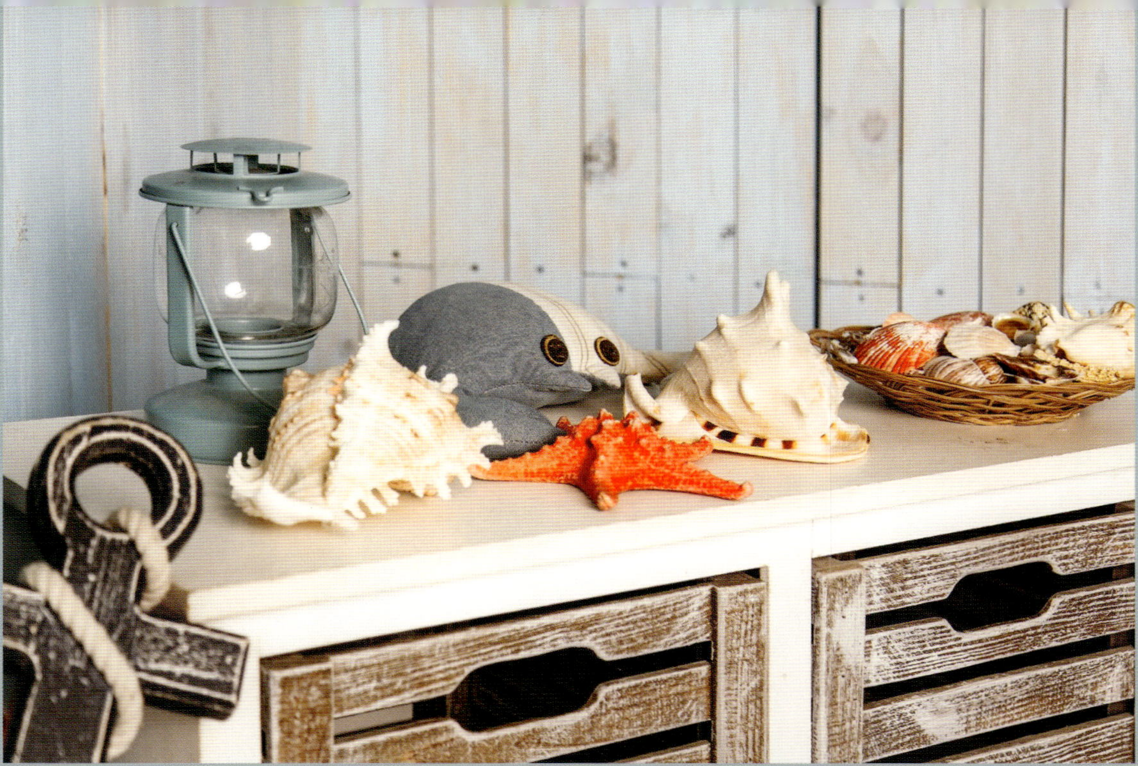

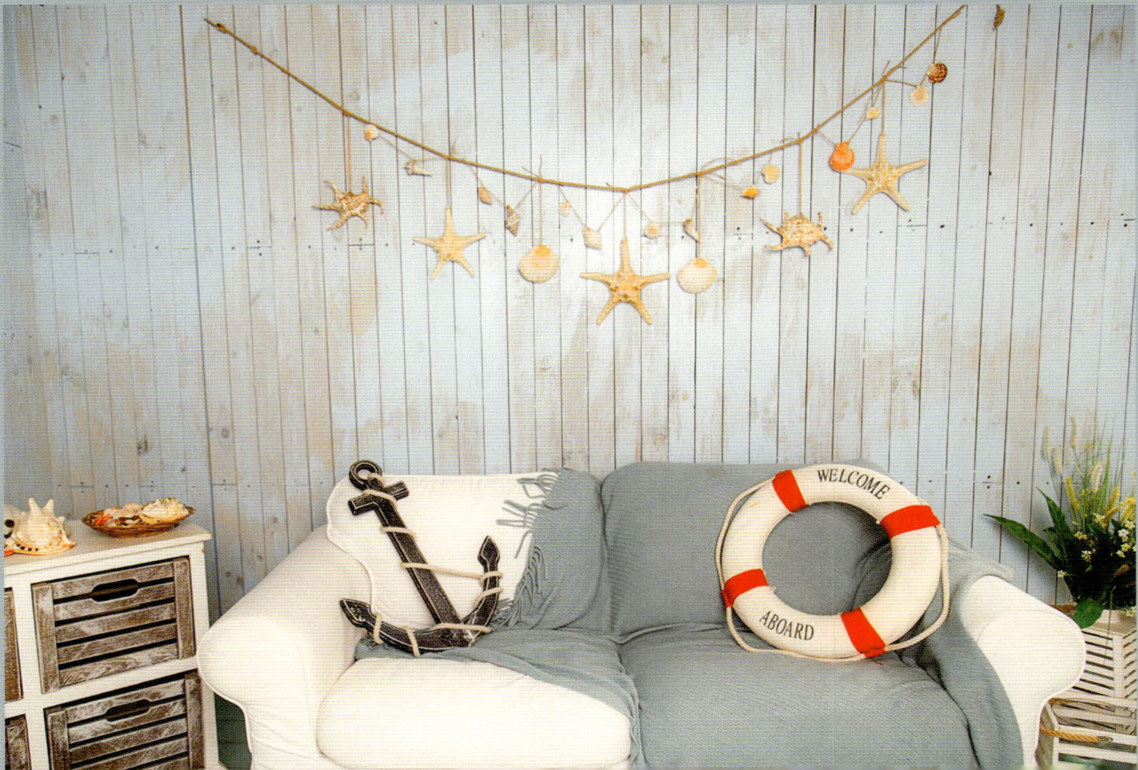
WELCOME
ABOARD

Spiegelwanden
Reflektierende Wände
Paredes reflectantes

Spiegels zijn van onschatbare waarde voor het creëren van ruimte en licht. Met name in gangen, zeker in heel smalle, gaan ze het tunneleffect tegen.
Je kunt ingelijste spiegels of spiegels met een facetrand ophangen, zoals bij dit hoofeinde. Voor wie niet van een al te getrouwe weerspiegeling houdt, is het beeld in de facetranden iets abstracter.

Spiegel sind ein unerschöpflicher Quell, wenn es darum geht, Räumlichkeit und Leuchtkraft zu erzeugen. Insbesondere in sehr schmalen Korridoren, wirken sie dem Tunnelgefühl entgegen.
Sie können entweder gerahmt oder abgeschrägt, wie dieses Kopfteil, aufgehängt werden. Wenn Sie nicht möchten, dass das, was sich davor befindet, wirklich reflektiert wird, spiegeln die Teile eines abgeschrägten Spiegels etwas Abstraktes wider.

Los espejos son un recurso invaluable a la hora de crear la ilusión de amplitud y luminosidad. En los pasillos, en especial los que son muy estrechos, contrarrestan la sensación de tubo.
Se pueden colgar enmarcados o biselados como en este cabecero. Si no se quiere un reflejo fiel de lo que hay enfrente, las piezas de espejo biseladas reflejan algo más abstracto.

Een kast als wand
Wandregale
Los estantes como paredes

Muren worden gebruikt om een ruimte af te bakenen. Op deze afbeeldingen is een muur overbodig. In plaats daarvan is een kast gebruikt die zowel de ruimte opdeelt als steun en opbergruimte biedt. Roomdividers kunnen open zijn maar ook een achterwand hebben om de ruimte erachter meer privacy te geven.

Wände werden zum Abgrenzen von Räumen verwendet. In diesen Bildern wurde auf die Wand verzichtet zugunsten eines Regals mit der doppelten Funktion, den Raum zu teilen sowie eine Stütze und einen Sitzplatz bereitzustellen. Die Regale in diesen Fällen können durchsichtig sein oder massiv, um mehr Privatsphäre zu schaffen.

Las paredes sirven para delimitar espacios. En estos casos se prescindió del muro y en su lugar se utilizó una estantería que tiene la doble función de dividir el espacio y de proveer lugar de apoyo y almacenaje. Las estanterías en estos casos pueden ser transparentes, o tener un fondo para que los lugares que delimitan tengan más privacidad.

Gebruik van het wandoppervlak
Die Wandfläche nutzen
Usando la superficie de la pared

Wandoppervlakken hebben veel potentie. Ze geven een ruimte karakter door hun kleur of textuur. Bij gebrek aan ruimte kunnen ze ook als opbergruimte gebruikt worden. In deze keuken hangt het keukengerei bijvoorbeeld aan een roede aan de muur. Dit neemt maar een paar centimeter diepte in beslag.

Wandflächen haben ein großes Potenzial. Sie können dazu beitragen, einem Raum Persönlichkeit zu verleihen durch ihre Farbe oder Textur. Sie können auch Lagerraum bieten, wenn Platzmangel besteht. In dieser Küche wurden beispielsweise die meisten Utensilien an einer nur wenige Zentimeter tiefen Schiene an der Wand aufgehängt.

La superficie de las paredes tiene gran potencial. Pueden servir para dar personalidad a una estancia, ya sea por su color o por su textura. Pueden también ser utilizadas como superficie de almacenaje si se carece de espacio. En esta cocina, por ejemplo, se han colgado sobre la pared la mayoría de los utensilios colocando un riel que ocupa unos pocos centímetros de profundidad.

EFFICIËNT OPBERGEN

Er bestaan opbergsystemen in alle kleuren en soorten. Het idee bij opruimen is dat je alles gebruikt wat voorhanden is, zonder naar de winkel te rennen en producten aan te schaffen die je erbij helpen.
Dit hoofdstuk helpt je om opbergsystemen te herkennen die je, zonder dat je het doorhebt, al bezit. Het recyclehoofdstuk opent je ogen voor spullen die je al in huis hebt en die je nieuw leven in kunt blazen door ze anders te gebruiken.

EFFIZIENTE LAGERUNG

Es gibt viele farbenfrohe Lageroptionen. Die Idee hinter dem Aufräumen ist der Versuch, alles zu nutzen, was zur Hand ist, ohne dass Sie losziehen müssen, um Produkte zu kaufen, die Ihnen helfen.
In diesem Kapitel erfahren Sie, welche Aufbewahrungsmöglichkeiten Sie besitzen, ohne es zu wissen, wie Sie das Beste aus ihnen herausholen und Marktoptionen prüfen können, sollte etwas fehlen. Die Recycling-Abteilung öffnet Ihre Augen für Dinge, die Sie bereits zu Hause haben und wiederverwenden können, um ihnen neues Leben einzuhauchen.

ALMACENAJE EFICAZ

Almacenaje hay de todo tipo y color. La idea al ordenar es intentar usar todo lo que se tiene, sin salir corriendo a comprar productos para ello.
Este capítulo te ayudará a reconocer qué contenedores tienes sin saberlo, cómo sacarle el mejor provecho y a ver qué opciones hay en el mercado si faltara algo específico. La sección de reciclaje te abrirá los ojos a elementos que ya existen en casa y que se pueden reutilizar, dándole una nueva vida.

Opbergbakken met een knipoog
Behälter, die lächeln machen
Contenedores para la sonrisa

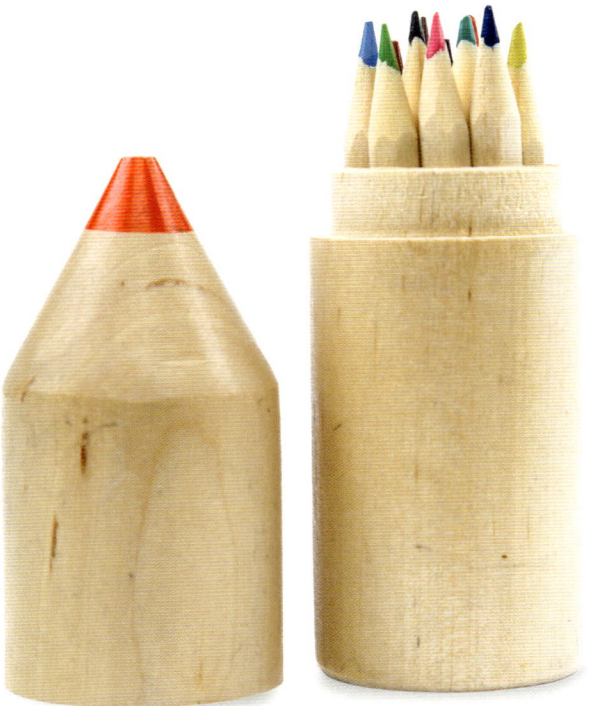

Er zijn bakken en dozen in allerlei soorten en kleuren op de markt. Sommige zijn speels en grappig. Dit type bakje wordt meestal gebruikt voor dingen die je op een specifiek moment gebruikt: een wattenhouder in de vorm van een konijn waarbij je een plukje watten van zijn staartje haalt om je make-up te verwijderen, een kip die dunner wordt als je er een plastic tasje uit haalt, of een chocoladereep om bestek in op te bergen… Dingen die ons laten lachen.

Es gibt Behälter aller Art und Farben auf dem Markt, auch solche, die spielerisch sind und Spaß machen. Das macht den Gebrauch von Objekten zu einem besonderen Moment: Ziehen Sie die Watte aus dem Kaninchenschwanz, wenn Sie Ihr Make-up entfernen, nehmen Sie die Henne ab oder legen Sie Besteck auf eine Tafel Schokolade … Das sind Dinge, die uns zum Lächeln bringen.

En el mercado hay contenedores de todo tipo y color. Los hay lúdicos y divertidos. Este tipo de contenedor hace del uso de los objetos un momento especial: desprender la cola de algodón del conejo al desmaquillarse, adelgazar la gallina a medida que se sacan las bolsas u observar apoyar los cubiertos en una chocolatina… Gestos que nos arrancan una sonrisa.

Onderschat nooit de kartonnen doos
Unterschätzen Sie nicht die Pappschachtel
No subestimes la caja de cartón

Thuis gebruiken we vaak dozen die we kopen of bij een aankoop krijgen, zoals schoenendozen. Bewaar alleen de dozen die je mooi vindt. Om er een geheel van te maken kun je ze bekleden met papier of plasticfolie. Ze zijn heel handig als divider in kasten. De platte deksels kun je bijvoorbeeld gebruiken om je bureaulade te organiseren.

Zu Hause haben wir in der Regel Kartons und Kisten, die zu gekauften Gegenständen wie Schuhen gehören. Behalten Sie nur die, die Sie mögen. Um sie optisch miteinander zu verbinden, können Sie sie in Papier oder Vinyl einschlagen. Flache Kartons schaffen nützliche Trennungen in Schubladen. In ihren flachen Deckeln kann man zum Beispiel Dinge in Schreibtischschubladen organisieren.

En casa solemos tener cajas adquiridas especialmente para darles uso y cajas que pertenecen a objetos comprados, como las de zapatos. Quédate solo con las que te gustan. Para unificarlas las puedes forrar con papel o vinilo. Son muy útiles para usar como separadores en los cajones. Las tapas, que son planas, pueden servir por ejemplo para guardar útiles en los cajones del escritorio.

De schoonheid van houten kistjes
Der Adel von Holzkisten
La nobleza de las cajas de madera

Kistjes zijn interessant vanwege hun duurzaamheid en stevigheid. Ze bestaan met deksel of laden en kunnen overal in huis gebruikt worden, zelfs in vochtige ruimten, zoals de keuken en badkamer, aangezien ze afwasbaar zijn. Wat kistjes nog aantrekkelijker maakt is dat je ze kunt schilderen en overschilderen. Voor de trouwe houten kist vind je altijd wel een bestemming.

Kisten sind interessant wegen ihrer Haltbarkeit und Stabilität. Sie kommen mit einem Deckel oder mit Schubladen und können im ganzen Haus verwendet werden, auch in feuchten Räumen wie Küche und Bad, da sie aus abwaschbarem Material bestehen. Sie haben den zusätzlichen Reiz, dass sie lackiert und neu gestrichen werden können. Für eine schöne Holzkiste findet sich immer Verwendung.

Son interesantes por su durabilidad y dureza. Pueden venir con tapa o con cajones y pueden usarse en toda la casa, incluso en lugares húmedos como el baño y la cocina, ya que están hechas de un material que se puede lavar. Poseen el atractivo de poder pintarse y repintarse. Siempre se encontrará un uso para la fiel caja de madera.

Trays die werelden omlijsten
Tabletts, die Welten gestalten
Bandejas que enmarcan mundos

Trays zijn ideaal om objecten te omlijsten die vanwege hun specifieke functie bij elkaar staan: om te relaxen, thee- of koffieaccessoires, kaarsen om de tafel te verlichten. Voorwerpen die je zo omlijst creëren een setting die je in zijn geheel door het huis kunt verplaatsen.

Tabletts sind ideal für die Rahmung von Gegenständen, die für einen bestimmten Zweck zusammengeführt werdenen: ob zur Entspannung, zur Zubereitung von Tee/Kaffee oder für Kerzen, die den Tisch beleuchten. Auf diese Weise gerahmt, schaffen die Objekte „Situationen", die im Haus bewegt werden können.

Las bandejas son ideales para enmarcar objetos diversos que se juntan para un uso en particular: ya sean utensilios para la relajación, accesorios para preparar té o café o las velas que iluminarán la mesa. Enmarcados de este modo, los objetos crean «situaciones» que se pueden trasladar por la casa.

Warme manden
Die Wärme von Körben
La calidez de los cestos

Rieten manden zijn heel handig om bijvoorbeeld handdoeken, dekens of tijdschriften in op te bergen. Daarnaast geven ze de ruimte een warm en landelijk accent. Bij deze keuken, die geen bijkeuken heeft, worden ze gebruikt voor het opbergen van blikjes en flessen water. Het is ook origineel om fruit in een mand op te bergen.

Weidenkörbe sind sehr hilfreich für die Aufbewahrung von Gegenständen wie Handtücher, Decken oder Zeitschriften. Dazu kommt der warme und rustikale Touch, den sie dem Raum geben. In dieser Küche, in der es keine Vorratskammer gibt, werden darin Dosen und Wasserflaschen aufbewahrt. Körbe sind auch eine originelle Art, Obst und Gemüse zu lagern.

Los cestos de mimbre son muy útiles para el almacenaje de objetos diversos como toallas, mantas o revistas. A su utilidad le sumamos el toque cálido y rústico que dan a las estancias. Para esta cocina que carece de despensa se los ha utilizado para almacenar latas y garrafas de agua. También son una forma original de guardar fruta y verdura.

Op maat of modulair?
Maß oder Modul?
¿A medida o modulares?

Wat plankenkasten, modulair of op maat, gemeen hebben, is dat ze zich aan de beschikbare ruimte aanpassen.
Het efficiëntst zijn plankenkasten op maat, omdat die aan de kleinste hoekjes aangepast kunnen worden. Het nadeel is dat ze vastgezet worden en heel specifiek op de ruimte afgestemd zijn, waardoor we ze bij een verhuizing achterlaten. Modulaire plankenkasten kun je altijd verplaatsen, zeker die op de afbeelding, omdat je ze makkelijk uit elkaar haalt.

Modulare und nach Maß gefertigte Regale haben gemeinsam, dass sie sich dem verfügbaren Platz anpassen.
Maßgefertigte Regale sind maximal effizient, weil man sie genauestens in die Umgebung einpassen kann. Der Nachteil ist, dass sie fest und sehr spezifisch sind. Wenn wir also umziehen, werden wir sie zurücklassen. Regalmodule können jederzeit verschoben werden, besonders dort, wo ein neues Aussehen gefragt ist, weil sie sehr leicht zerlegt werden können.

Los estantes a medida y los modulares tienen en común que se adaptan al espacio que tenemos.
En aquellos que son a medida la eficiencia es máxima, ya que pueden adaptarse e incorporar hasta los últimos recovecos. La desventaja es que están fijos y son muy específicos, por lo que al mudarnos los dejamos atrás. Los modulares acompañan cualquier mudanza, especialmente los de la imagen, que se desmontan muy fácilmente.

Planken voor creatief gebruik
Regale für Ideen
Estantes para crear

Losse planken zijn flexibel in gebruik en geschikt om op elke vrije plek aan de muur te hangen. Ze lenen zich voor creativiteit omdat je ze naar wens kunt schikken. Naast de enorme diversiteit aan planken op de markt, kun je ook gerecycleerde voorwerpen als plank gebruiken.

Einzelregale sind flexibel und können an jeder freien Wand aufgestellt werden. Sie geben Ihnen auch die Möglichkeit, Ihre eigenen Arrangements anzufertigen. Zusätzlich zur Vielfalt der auf dem Markt erhältlichen Regale können Sie recycelte Objekte in Regale verwandeln.

Los estantes individuales son flexibles y aptos para ubicar en cualquier espacio de pared libre. Se prestan a la creatividad, al poder uno montar composiciones propias. Además de la diversidad de estantes en el mercado, se pueden utilizar objetos reciclados y convertirlos en estantes.

Als planken sculpturen worden
Wenn das Regal zur Skulptur wird
Cuando el estante es escultura

Wandplanken en plankenkasten zijn niet alleen nuttig maar zorgen ook voor een decoratief of beeldend element in huis. De mogelijkheden zijn eindeloos, van slakvormige, ronde of diagonale planken tot glazen planken die speciaal ontworpen zijn voor wie esthetiek boven functionaliteit verkiest.

Zusätzlich zu ihrer Nützlichkeit haben manche Regale noch einen dekorativen oder skulpturalen Aspekt. Es gibt endlose Möglichkeiten, von schneckenförmigen, runden oder diagonalen Regalen bis hin zu Glasregalen, die speziell für diejenigen entworfen wurden, die Ästhetik der Funktionalität vorziehen.

Además de su utilidad, algunos estantes o estanterías aportan un elemento decorativo o escultórico al hogar. Hay un sinfín de posibilidades, desde estantes en forma de caracol, redondos o en diagonal hasta estantes de vidrio, diseñados especialmente para aquellos que priorizan la estética frente a la funcionalidad.

Planken die overal passen
Regale, die überall passen
Estanterías que caben en cualquier lado

In smalle ruimten zijn planken van een paar centimeter dik waar boeken verticaal op staan ideaal. Dit type wandrek wordt ook gebruikt om de covers van boeken of magazines te showen.

Een andere optie is een mix van planken, zoals hier links, waarbij boeken en tijdschriften op verschillende manieren weggezet kunnen worden: horizontaal, verticaal of schuin.

Für schmale Stellen sind Regale von nur einigen Zentimetern Breite, die vertikal Bücher halten, ideal. Diese Art von Regal wird auch verwendet, wenn Sie das Cover eines Buches oder einer Zeitschrift zeigen möchten.

Eine weitere Option sind gemischte Bücherregale wie das linke, wo es verschiedene Unterstützungsmöglichkeiten für Bücher oder Zeitschriften gibt: horizontal, vertikal oder diagonal.

Para lugares estrechos los estantes de pocos centímetros de espesor que alojan libros en vertical son ideales. Este tipo de estante sirve también si queremos lucir la tapa de los libros o revistas.

Otra opción son las bibliotecas mixtas como la de la izquierda y en las que hay posibilidades diversas de apoyo de libros o revistas: en horizontal, vertical o diagonal.

Liever van metaal
Wenn sie besser metallisiert sind
Si son metalizadas mejor

Deze schijnbaar lichte metalen planken bevatten allerlei soorten voorwerpen. Het is een simpele en betaalbare oplossing. Je kunt ze direct aan de muur hangen of eerst op een metalen of houten plaat bevestigen. In de gang kunnen ze als kapstok en als plank dienstdoen.

Diese scheinbar leichten Metallregale fassen alle möglichen Gegenstände. Sie sind eine einfache und kostengünstige Aufbewahrungsmöglichkeit. Sie können mit einer Stahlplatte oder einer Holzplatte an die Wand genagelt werden. In einem Flur übernehmen sie die Doppelrolle von Regal und Garderobe.

Estos estantes en metal visualmente livianos alojan todo tipo de objetos. Son una solución de almacenaje sencilla y económica. Se pueden clavar directamente en la pared, sobre una lámina de acero o alguna plancha de madera. Ubicados en un *hall* pueden tener la doble función de estante y perchero.

Ladders in permanent gebruik
Leitern im Dauereinsatz
Escaleras en uso permanente

Ladders zijn heel handig in huis maar worden vaak maar sporadisch en tijdelijk gebruikt. Berg ze niet op maar vind een permanente functie voor ze. Je kunt ze gebruiken om handdoeken aan te hangen, tijdschriften op uit te stallen, bloempotten op te zetten voor een verticale tuin, of als boekenplank.

Leitern sind im Haus sehr nützlich, werden aber im Allgemeinen nur sporadisch verwendet. Anstatt sie zu lagern, nutzen Sie sie doch dauerhaft! Sie können zum Ablegen von Handtüchern, zum Ausstellen von Büchern oder Zeitschriften verwendet werden oder mit Blumentöpfen einen vertikalen Garten bilden.

Las escaleras son elementos muy útiles en el hogar pero por lo general se utilizan de forma esporádica y puntual. En lugar de tenerlas guardadas ocupando espacio, se puede hacer un uso permanente de ellas. Pueden servir como estantes para colocar toallas, ser un expositor de revistas, tener macetas tipo jardín vertical o como estantería de libros.

Een opmerkzaam oog
Ein aufmerksamer Blick
Tener el ojo avizor

Je kunt een oud rek als organizer gebruiken door er notitieboekjes, memo's en een schaar aan te hangen. Een plastic tafel die wat versleten is kun je nieuw leven inblazen door een keramische tray op de beschadigde plek te zetten.
Train je oog op het ontdekken van dingen die gerecycled kunnen worden.

Ein altes Gitter kann als Büroorganizer wiederverwertet werden, indem man Notizbücher, Memos und Scheren daran aufhängt. Ein ramponierter Kunststofftisch kann durch Ausbalancieren einer Keramikschale auf dem beschädigten Teil wiederbelebt werden.
Trainieren Sie Ihr Auge, um Dinge zu finden, die recycelt werden können.

Una vieja reja puede reciclarse como organizador de oficina: de ella cuelgan cuadernos, memos y tijeras. A una mesita en mal estado se la revive apoyando en la parte estropeada una bandeja.
Entrena la vista para ver qué cosas son susceptibles de ser recicladas.

Is het recyclebaar?
Wiederverwenden?
¿Se puede reciclar?

Met wat creativiteit kun je heel veel voorwerpen hergebruiken: de laden van een kast zijn nu fotolijsten en spiegels, wijnkistjes worden boekenkastjes op wielen, stenen en metalen manden worden als nachtkastje gebruikt en een oude Singernaaimachine is nu een bijzonder wastafelmeubel.

Mit Kreativität finden Sie neue Verwendung für so manches: Die Schubladen einer Kommode sind jetzt Rahmen für Fotografien und Spiegel, Cava-Kisten werden zu Bücherregalen, Metallziegel und Körbe werden als Nachttisch verwendet, und die Konsole einer alten alte Singer-Nähmaschine ist jetzt ein malerischer Waschbeckenstand.

Con creatividad se les podrá encontrar nuevos destinos a una multitud de objetos: los cajones de una cómoda son ahora marcos para fotos y espejos, cajas de cava se convirtieron en bibliotecas con ruedas, ladrillos y canastos de metal se utilizan como mesilla de noche y una vieja máquina de coser Singer es ahora un pintoresco mueble lavamanos.

Recycle de natuur
Neues Leben
Reciclando naturaleza

Hout is zo nobel dat je het steeds weer kunt hergebruiken voor heel verschillende objecten. Op de afbeelding links wordt een antieke timmermanswerkbank als kookeiland gebruikt, met daarop wat vintage voorwerpen. In de keuken rechts hangt een plafondlamp van takken die laat zien dat je hout ook kunt gebruiken zonder er veel aan te veranderen.

Der Adel des Holzes erlaubt es, es für sehr unterschiedliche Objekte immer wieder zu verwenden. Eine alte Hobelbank wird im Bild links zu einer Kücheninsel, auf der Vintage-Haushaltsgeräte stehen. Bei der rechten Küche sehen wir anhand der Deckenleuchte aus Zweigen, wie Holz auch fast ohne Umarbeitung genutzt werden kann.

La nobleza de la madera permite reutilizarla una y otra vez y tener usos muy diversos. Una antigua mesa de carpintero es utilizada como isla en la cocina de la imagen izquierda, repleta de objetos *vintage*. En el caso de la cocina de la derecha vemos una lámpara de techo hecha de ramas, mostrando cómo la madera también puede ser utilizada casi sin intervención.

STUK VOOR STUK

Het is een uitdaging om voor alles een plek te vinden.
Hier volgt een overzicht van vrijwel alle spullen in huis, met praktische ideeën
om ze beter te verzorgen en op te bergen.
De stijl en charme van je huis hangen af van de manier waarop je je
eigendommen groepeert, van wat je uitstalt of voor privémomenten
bewaart en van hoe je de ruimte benut.
Geniet van je huis, het is tijd om er je eigen accent aan te geven.

STÜCK FÜR STÜCK

Einen Platz für alles zu finden, ist die Herausforderung. Ein Überblick über
fast alle Haushaltsgegenstände gibt praktische und gestalterische Ideen zur
Verbesserung ihrer Pflege und Unterbringung.
Der Stil und die Anmut Ihres Zuhauses hängen davon ab, wie Sie Ihre
Besitztümer gruppieren, was Sie zeigen, was Sie privaten Momente vorbehalten
und wie Sie den verfügbaren Platz nutzen.
Genießen Sie Ihr Zuhause, es ist Zeit, dass Sie ihm Ihre persönliche Note geben.

COSA POR COSA

Encontrar un lugar para cada cosa es el desafío.
Se hace aquí un recorrido por casi todos los objetos de la casa,
dando ideas prácticas y de diseño para cuidarlos y guardarlos mejor.
El estilo y la gracia de tu hogar se crea según el modo en que
agrupas tus posesiones, qué eliges enseñar, qué dejas para
la intimidad y cómo usas el espacio.
Disfrútalo, que es la hora de dar tu toque personal.

Een goede garderobe samenstellen
Wie man eine gute Garderobe hinbekommt
Crear un buen fondo de armario

Het heeft geen zin om mooie kledingstukken te hebben als je die niet goed met elkaar combineert. Je zou kledingcombinaties moeten vastleggen, zodat je altijd iets geschikts hebt om te dragen. Voor het samenstellen van een garderobe is het belangrijk om te weten wat je stijl is, wat bij je past en waar je je prettig bij voelt. Het ideaal is om vijf kledingsets voor elk seizoen te hebben.

Es ist sinnlos, schöne Kleider zu haben, wenn sie nicht miteinander kombiniert werden können. Sie sollten versuchen, Kleiderkombinationen aufzubauen, um sicherzustellen, dass Sie immer etwas Passendes zum Anziehen haben. Wenn Sie eine Garderobe erstellen, ist es wichtig, einen Stil zu bestimmen, der zu Ihnen passt und mit dem Sie sich wohlfühlen. Ideal ist es, mindestens fünf Kleidungssätze pro Saison zu haben.

De nada sirve tener prendas bonitas si no te convencen a la hora de combinarlas. Procura idear conjuntos que te garanticen tener siempre algo satisfactorio para ponerte. Para crearte un armario es importante identificar tu estilo, lo que te sienta bien y lo que te es cómodo. Lo ideal es tener como mínimo unos cinco conjuntos para cada estación.

Een plek voor alledaagse kleding
Ein Ort für Alltagsklamotten
Un lugar para la ropa diaria

Het is handig om een vaste plek te hebben voor de kleding die je de volgende dag aandoet en voor de kleding die je uittrekt als je thuiskomt. Dit voorkomt dat je slaapkamer bezaaid raakt met kledingstukken en maakt het aankleedritueel prettiger.
Als je geen kapstok of kledingrek hebt, kun je een stoel of kleerhanger gebruiken.

Es ist praktisch, einen speziellen Ort für die Kleidung zu haben, die wir am nächsten Tag tragen wollen, und für jene, die wir ablegen werden, wenn wir nach Hause kommen. Dies verhindert, dass Kleidung im Schlafzimmer herumliegt, und macht das Ritual des Anziehens angenehmer.
Wenn wir kein Wäscherack oder Anzug-Diener haben, können wir einen Stuhl oder einen Kleiderbügel benutzen.

Es conveniente tener un lugar asignado para la ropa que preparamos para usar al día siguiente y para aquella que nos sacamos al llegar a casa. Esto evita que haya ropa desperdigada por el dormitorio y hace que el ritual de vestirse sea más agradable.
Si no contamos con un perchero o galán de noche, podemos utilizar una silla o una barra.

Het juiste gebruik van kledingkasten
Die richtige Verwendung von Kleiderschränken
El buen uso de los armarios

Het gebruik van identieke kleerhangers zorgt voor een harmonieuzer beeld en meer flexibiliteit, of je nu een kast of een simpele roede hebt. Het is ook belangrijk om je aan de 90-procentregel te houden, zodat planken, laden en roedes er vol maar niet overvol uitzien.

Ob wir einen Schrank oder eine einfache Schiene haben: Gleichförmige Kleiderbügel verschaffen uns ein Höchstmaß an optischer Harmonie und Flexibilität. Es ist auch wichtig, die 90%-Regel einzuhalten, damit Regale, Schubladen oder Kleiderstangen nicht überfüllt aussehen.

Ya sea que tengamos un armario empotrado o una simple barra, lo que le va a dar armonía visual al conjunto y mayor agilidad de uso es el tener todas perchas iguales. También es clave cumplir con la regla del 90% de ocupación: que los estantes, cajones o barras luzcan llenos pero no abarrotados.

Truien opvouwen
Wie man Sweater faltet
Cómo doblar los jerséis

Truien kun je horizontaal op een plank op-bergen. Let erop dat je er niet te veel op-stapelt, want dan wordt het al snel rom-melig. Als je laden hebt is het heel handig om truien op te rollen en verticaal op te bergen. Op deze manier kun je er een trui tussenuit halen zonder de rest te kreuken.

Sweater können horizontal in Regalen ge-lagert werden, aber stapeln Sie nicht zu viele gleichzeitig, da sie schnell unorga-nisiert wirken. Wenn Sie Schubladen ha-ben, können Sie sie aufrollen und verti-kal aufstellen. Mit diesem Ansatz können Sie den gewünschten Sweater auswählen, ohne die in der Schublade verbleibenden zu knittern.

Los jerséis pueden ser guardados de for-ma horizontal en estantes, cuidando de no apilar demasiados a la vez, ya que rá-pidamente se desordenarán. Si cuentas con cajones, una forma práctica es la de hacer rollitos y colocarlos de forma verti-cal. Con este método, al sacar el jersey que necesitas no arrugarás los que quedan en el cajón.

Overhemden een voor een
Ein Hemd nach dem anderen
Las camisas de una en una

Overhemden kun je ophangen of opgevouwen in een la opbergen. De ladekast
links is speciaal ontworpen voor overhemden. De laden hebben exact de breedte
van een opgevouwen mannenoverhemd.

Hemden können aufgehängt oder in
Schubladen gefaltet werden. Die Kommode auf der linken Seite wurde speziell
für die Aufbewahrung von Hemden entworfen. Die Schubladen haben genau die
Breite eines Männeroberhemds.

Las camisas las podemos colgar o colocar dobladas en cajones. Esta cajonera de
la izquierda fue diseñada especialmente
para guardar camisas, los cajones tienen
el tamaño exacto de una camisa de hom-
bre doblada y entra una por cajón.

Alle sokken hetzelfde
Socken sollten alle gleich sein
Todos los calcetines iguales

Sokken hebben de irritante gewoonte om hun maatje kwijt te raken. Zo zit je altijd met een la vol sokken die niet bij elkaar passen. Om dit voorkomen raad ik je aan om een aantal paren van dezelfde sokken te kopen.
Om je sokken op te bergen kun je ze in drieën vouwen of oprollen en verticaal in een la of doos stoppen, zoals op de afbeelding.

Socken haben die lästige Angewohnheit, ihren Partner zu verlieren. So haben Sie am Ende Schubladen voller einzelner Socken. Um dies zu vermeiden, empfehle ich, mehrere gleiche Sockenpaare zu kaufen.
Wenn es darum geht, sie zu verstauen, können sie gefaltet oder aufgerollt und vertikal in einer Schublade oder Box aufbewahrt werden, wie in der Abbildung gezeigt.

Los calcetines tienen la irritante costumbre de perder su compañero. Es así como uno termina con cajones repletos de calcetines sin su par. Para evitar esto, recomiendo comprar varios pares de calcetines iguales.
A la hora de guardarlos pueden ser doblados en tres o se las puede hacer un rollito y guardar de forma vertical en un cajón como muestra la imagen o en una caja.

Het geheim van ondergoed
Das Geheimnis der Unterwäsche
El secreto de la ropa íntima

Mis de kans niet om van het gebruik van je intieme la een speciaal moment te maken. Je kunt hem bekleden met zachte, zijdeachtige stof en er een geurzakje met bijvoorbeeld lavendel in leggen. Maak hem zo mooi als een doos bonbons.

Erleben Sie mit einer solchen intimen Schublade besondere Momente. Sie können sie mit weichem und seidigem Material auslegen und ein etwa mit Lavendel parfümiertes Säckchen hinzufügen. Schmücken Sie sie wie eine Schachtel Pralinen.

No desaproveches la oportunidad de hacer de este cajón tan íntimo un momento especial. Puedes forrarlo de materiales suaves y sedosos y agregarle alguna bolsita aromática como la lavanda. Que sea bello como una caja de bombones.

Schoenen beter buiten
Schuhe am besten nach draußen
Los zapatos mejor afuera

Als je thuiskomt kun je het best je schoenen uitdoen zodat je geen modder van buiten het huis in loopt. Het is handig om een speciale plek voor schoenen bij de voordeur te hebben. Dat kunnen een paar lage planken of een meubelstuk zijn. Het is ook raadzaam om er een bankje of stoel bij te zetten, om je schoenen makkelijk uit en aan te kunnen trekken.

Wenn Sie nach Hause kommen, sollten Sie Ihre Schuhe ausziehen, um nicht den Schmutz von der Straße ins Haus zu tragen. Einen Platz für Schuhe nahe der Haustür ist praktisch – es kann ein Möbelstück oder niedriges Regal sein. Es ist auch ratsam, eine Bank oder einen Sitz zu haben, wo Sie Schuhe bequem an- und ausziehen können.

Lo ideal cuando se llega a casa es sacarse los zapatos para no traer la suciedad de la calle al hogar. Asignar un lugar para los zapatos cerca de la entrada es conveniente, puede ser un mueble o unos estantes bajos. Es también recomendable tener un banco o asiento para poder ponerse y sacarse los zapatos con comodidad.

Tassen in het zicht
Taschen in Sicht
Bolsos a la vista

Een manier om tassen op te bergen is door ze in elkaar te doen. Dit is met name handig als je ruimtegebrek hebt. Maar je kunt ze ook in het zicht, achter de deur of aan de muur hangen. Je kunt met tassen spelen, ze creatief ophangen of er een compositie mee maken, zoals op de afbeelding rechts.

Eine Möglichkeit, Taschen aufzuräumen, besteht darin, sie ineinanderzustecken. Dies ist besonders nützlich, wenn es an Platz mangelt. Eine andere Möglichkeit ist, sie alle in Sichtweite hinter der Tür oder auf einer Wand aufzuhängen. Sie können mit Taschen spielen und sie zum Teil einer Bildkomposition machen.

Una manera de guardar los bolsos es poniéndolos unos dentro de otros. Esto es especialmente útil si carecemos de espacio. Otra manera es colgándolos todos a la vista, detrás de la puerta u ocupando una pared. Se puede jugar con los bolsos y colgarlos de manera creativa.

Sjaaltjes als decoratie
Schals als Ornament
Los fulares como adorno

Er bestaan speciale hangers voor sjaals en riemen. Je kunt ze in je kledingkast opbergen of als decoratie aan de muur hangen. Sommige sjaals zijn zo mooi dat het de moeite waard is om ze uit te stallen. Een ander voordeel is dat je ze dan in het zicht hebt, zodat je weet wat je hebt en ze vaker gebruikt.

Es gibt spezielle Kleiderbügel zum Aufhängen von Schals und Gürteln. Sie können im Schrank mit anderen Kleidungsstücken oder an der Wand wie ein Ornament aufgehängt werden. Einige Schals oder Tücher sind besonders attraktiv, und es lohnt sich, sie zu zeigen. Ein weiterer Vorteil, sie zu sehen, ist, dass Sie sich daran erinnern, was Sie haben, und sie so häufiger zu verwenden.

Existen perchas especiales para colgar pañuelos y cinturones. Estos se pueden colgar dentro del armario junto con la ropa o colgarlas en la pared como elemento decorativo. Algunos fulares o chales son especialmente atractivos y vale la pena exhibirlos. Otra ventaja de tenerlos a la vista es que recordarás lo que tienes y podrás darle más uso.

Kettingen en ringen niet in de war
Ketten und Ringe ohne Verwicklungen
Collares y anillos sin enredos

Ringen kun je in kleine doosjes of bakjes bewaren. Er bestaan ook speciale dividers met vakjes, zoals op de foto. Kettingen kun je ophangen, het liefst in het zicht. Als je ze in een doos wilt bewaren, moet deze over de lengte vakjes hebben, zodat je de kettingen er los van elkaar en in hun volle lengte in kunt leggen en ze niet in de war raken.

Ringe können in Kisten oder kleinen Behältern aufbewahrt werden. Es gibt auch Boxen mit Trennwänden, wie auf dem Foto gezeigt. Halsketten können aufgehängt werden, vorzugsweise in Sichtweite. Wenn wir uns dafür entscheiden, sie in Schachteln zu legen, sollten diese in Längsrichtung unterteilt sein, sodass die Ketten einzeln ausgelegt werden können und ein Verheddern verhindert wird.

Los anillos pueden ser guardados en cajas o pequeños recipientes. Existen también cajas con divisores especiales como los de la foto. Los collares pueden ir colgados, preferentemente a la vista. Si optamos por tenerlos en cajas, las mismas deben tener divisiones a lo largo para poner los collares de uno en uno y estirados para evitar que se enreden.

Zuiver de lucht met lepelplanten
Luftreinigende Lilien
Purifica el aire con espatífilos

Kamerplanten, met name arecapalmen en lepelplanten, houden de lucht schoon door de onzuiverheden eruit te filteren. Als je geen planten in huis wilt omdat je niet zo veel ruimte hebt, kun je voor een verticale tuin kiezen, zoals op de afbeelding. Het groeperen van planten geeft meer visuele overtuigingskracht dan wanneer ze door het huis verspreid staan.

Pflanzen, vor allem solche wie Betel und Lilien, helfen, die Luft zu reinigen. Wenn Sie sie zu Hause haben möchten und nicht zu viel Platz haben, können Sie sich für einen vertikalen Garten wie den gezeigten entscheiden. Pflanzen zusammenzufassen ist visuell wirkungsvoller, als wenn sie im Haus verstreut wären.

Las plantas, especialmente aquellas como las arecas y los espatífilos, ayudan a mantener el aire del hogar limpio al filtrar impurezas. Si quieres tenerlas en tu casa y no tienes demasiado espacio puedes optar por un jardín vertical como este. El hecho de agrupar las plantas da mayor contundencia visual que si estuvieran todas repartidas.

Uitgestalde herinneringen
Erinnerungsstücke ausstellen
Los recuerdos afuera

In plaats van dat je al die speelgoedjes uit je jeugd, kunstwerkjes van je kinderen of andere herinneringen in dozen opbergt waar je nooit meer in kijkt, kun je er beter een of twee bewaren en die aandacht geven. Zet ze trots ergens in huis neer.

Anstatt Ihre Kinderspielzeuge, Zeichnungen oder andere Erinnerungsstücke in Kisten zu behalten, die Sie kaum je öffnen werden, wählen Sie ein oder zwei Dinge aus und feiern Sie sie mit Stolz.

En lugar de guardar numerosos juguetes de tu infancia, obras de arte hechas por los niños o recuerdos varios en una caja que nunca más será abierta, opta por quedarte con dos o tres representantes y celébralos. Exhíbelos en tu casa con orgullo.

Een persoonlijk museum
Ein persönliches Museum
Un museo personal

Om waardevolle of kwetsbare voorwerpen die je wilt uitstallen te beschermen tegen stof, lucht en aanrakingen, kun je een display van acryl gebruiken. Deze transparante systemen kun je op maat laten maken, met een zijkant die je kunt openschuiven om je voorwerp eruit te halen wanneer je dat wilt.

Wenn es um die Präsentation wertvoller oder empfindlicher Objekte geht, können Sie diese vor Staub, Luft und ungewollten Berührungen schützen, indem Sie eine Acrylbox verwenden. Diese kann nach Maß gefertigt werden, wobei eine Seite eine Schiebeabdeckung hat, damit Sie das Objekt nach Belieben entnehmen können.

A la hora de exhibir algún objeto de valor o delicado, una manera de protegerlo del polvo, del aire y del toqueteo es mediante una caja acrílica. Esta caja transparente se puede realizar a medida, con una de las caras provista de una tapa deslizable para poder retirar el objeto cuando se desee.

Verzamel al je geliefde stukken
Führen Sie Ihre geschätzten Gegenstände zusammen
Agrupa tus objetos queridos

Los van goede of slechte smaak zijn er voorwerpen die ons dierbaar zijn en die we graag uitstallen. Door ze bij elkaar te zetten vergroot je de visuele waarde. Het is cruciaal om goed na te denken over de ondergrond waarop je ze uitstalt: glas, marmer, hout, misschien een bepaalde stof? Denk na over wat je met je voorwerpen wilt overbrengen en welke omgeving het gunstigst voor ze is.

Über guten oder schlechten Geschmack hinaus gibt es Dinge, die uns wertvoll sind und die wir zeigen wollen. Sie zusammenzuführen erhöht ihren optischen Reiz. Nicht unentscheidend ist der Untergrund, auf der sie ausgestellt werden: Glas, Marmor, Holz, vielleicht ein bestimmter Stoff? Denken Sie darüber nach, was Sie mit Ihren Objekten kommunizieren möchten und welche Umgebung für sie am günstigsten ist.

Más allá del buen o mal gusto, hay objetos que nos son preciados y queremos exhibir. El hecho de agruparlos realza su valor visual. Pensar en qué superficie van a ir apoyados es crucial: ¿vidrio, mármol, madera, alguna tela? Piensa qué quieres comunicar con tus objetos y cuál es el entorno que más los favorece.

Naald en draad
Nadel und Faden
Aguja e hilo

Soms heb je naald en draad nodig om een knoop aan te zetten of een kledingstuk te repareren. Voor wie geen naai-expert is, schrikt het naaiwerk minder af als je alle benodigdheden bij de hand hebt. Je kunt een mooie naaidoos of een gewoon doosje gebruiken om je spulletjes in op te bergen: een naald, zwart en wit garen, wat spelden en knopen.

Manchmal brauchen Sie Nadel und Faden, um einen Knopf anzunähen oder Kleidung zu reparieren. Auch wenn Sie kein Experte sind, wird Ihnen die Handarbeit leichter fallen, wenn Sie die nötigen Dinge zur Hand haben. Das kann eine schöne Nähgarnitur sein oder nur eine hübsche Schachtel, um unterzubringen, was Sie benötigen: eine Nadel, einen schwarzen und weißen Faden, einige Nadeln und einige Knöpfe.

En algún momento necesitarás aguja e hilo para remendar alguna prenda o coser un botón. Si no eres un experto costurero, el trabajo será menos desalentador si tienes a mano los elementos necesarios. Puedes tener un bonito costurero o simplemente una caja donde guardes lo imprescindible: una aguja, hilo blanco y negro, unos alfileres y algunos botones.

Verticaal opgeborgen sportattributen
Sportsachen vertikal gelagert
Artículos deportivos en vertical

Ballen, rackets en skeelers zijn qua vorm lastige voorwerpen die de neiging hebben om te vallen of rommel in kasten te veroorzaken.
Ophangen is een goede manier om ze op te ruimen. Er bestaan allerlei soorten beugels en haken om dingen op te hangen.

Bälle, Tennisschläger und Skateboards sind schwer unterzubringen und neigen immer dazu, Unordnung zu erzeugen.
Eine gute Wahl ist sie aufzuhängen. Es gibt alle möglichen Arten von Beschlägen und Haken zum Aufhängen von Gegenständen, und wenn Sie das Richtige nicht finden können, können Sie immer einen Schmied beauftragen, etwas für Sie zu machen.

Las pelotas, raquetas y *skates* son objetos con formas difíciles y tienden a caerse o a crear desorden en los armarios.
Una buena opción para guardarlos es colgarlos. Hay todo tipo de herrajes y ganchos para colgar cualquier objeto, y si no se encuentran, se pueden mandar a hacer por un herrero.

Sleutels automatisch voorhanden
Schlüssel automatisch zur Hand haben
Las llaves en automático

Het is belangrijk om een vaste plek voor je sleutels te hebben. Die moet handig en dicht bij de voordeur zijn, zodat ze daar automatisch worden weggelegd. Zo voorkom je een hoop gedoe vlak voor je de deur uit moet en ze op het laatste moment niet kunt vinden. Als je ze niet naast de deur wilt hangen, zet dan een bakje neer waar je ze bij binnenkomst in kunt doen.

Es ist wichtig, seine Schlüssel an einem festen Platz zu haben. Der sollte am besten bequem zu erreichen und nahe am Eingang sein. Auf diese Weise können Sie sich den Ärger ersparen, sich beim Verlassen des Hauses noch auf die Suche machen zu müssen. Wenn Sie die Schlüssel nicht neben der Tür aufhängen möchten, können Sie ein Tablett oder einen Behälter nehmen, wo Sie sie bei Ihrer Ankunft ablegen können.

Es fundamental tener un lugar asignado para las llaves. Debe ser un lugar cómodo y cerca de la entrada para ser colocadas ahí de forma automática. Evítate la molestia de estar por salir de tu casa y en el último momento no encontrarlas. Si no quieres colgarlas al lado de la puerta, puedes disponer de una bandeja o recipiente donde dejarlas al llegar.

Spullen op doorreis
Vorübergehend lagern
Cosas de paso

Als je regelmatig een andere tas gebruikt, schaf dan een mandje of een bakje aan waar je bij thuiskomst alle spullen in doet die je altijd bij je draagt, zoals je portemonnee, make-up, een pen, etc.

Doe hetzelfde met spullen die op verschillende plekken in huis gebruikt worden: geef ze een plek waar je ze tijdelijk neer kunt leggen, zodat je ze gemakkelijk kunt vinden in hun respectieve vertrekken.

Wenn Sie Ihre Tasche regelmäßig wechseln, nehmen Sie einen Korb oder eine Schachtel, in die Sie die Gegenstände, die Sie immer mit sich führen, legen können, z. B. Ihr Portemonnaie, Make-up, einen Stift usw.

Machen Sie das gleiche mit den Dingen, die in Ihrem Zuhause zirkulieren: Weisen Sie ihnen einen vorübergehenden Ort zu, damit sie nicht groß suchen müssen.

Si cambias de bolso asiduamente, provéete de alguna cesta o caja donde poner al llegar a casa los objetos que llevas siempre en ellas, como el billetero, el maquillaje, un bolígrafo, etc.

Lo mismo con los objetos que van dando vueltas por la casa: asigna una caja donde ponerlos temporalmente hasta ubicarlos en sus respectivos lugares.

Spullen verplaatsen
Möbel rücken
Cambiar las cosas de lugar

Opruimen kan een goed moment zijn om de plek van je meubels te heroverwegen. Met een paar spullen minder, een beter idee van wat je met je huis wilt en wat je ervan verwacht, kunnen een paar kleine veranderingen tot groot resultaat leiden. Deze fauteuil is bijvoorbeeld naar het midden van de kamer verplaatst om ruimte te maken voor de kast erachter en dus voor meer opbergruimte.

Aufräumen könnte ein guter Zeitpunkt sein, um den Standort der Möbel zu überdenken. Mit weniger Dingen und einer klareren Vorstellung von dem, was Sie von Ihrem Zuhause erwarten, können kleine Verbesserungen erhebliche Auswirkungen haben.
Dieser Sessel wurde zum Beispiel in die Mitte des Raumes verlegt, um Platz für eine dahinter liegende Bibliothek und so mehr Stauraum zu schaffen.

Emprender el orden puede ser un buen momento para replantearse la ubicación de los muebles. Con menos cosas y una idea más clara de lo que se quiere y espera de la casa, se pueden hacer algunos pocos cambios con grandes resultados.
Este sillón por ejemplo se corrió al centro de la sala para dejar una biblioteca por detrás y contar así con espacio de almacenaje.

Wat zeggen je afbeeldingen over jou?

Was sagen Ihre Bilder über Sie aus?

¿Qué dicen tus cuadros?

De afbeeldingen in huis zijn niet alleen decoratief maar kunnen ook ons onderbewustzijn conditioneren. Het is belangrijk dat de afbeeldingen die je kiest jou symboliseren. Denk ook na over de plek in huis waar je je afbeeldingen ophangt. Kies in de slaapkamer bijvoorbeeld voor rustgevende beelden; die in de keuken of badkamer kunnen levendiger en grappiger zijn.

Bilder, die wir zu Hause ausstellen, sind dekorative Spiegel unseres Unterbewusstseins. Es ist wichtig, dass die von Ihnen gewählten Bilder oder Drucke für Sie stehen. Bedenken Sie auch, wo Sie in Ihrem Haus Ihre Bilder aufhängen, z. B. sollte das Schlafzimmer die entspannendsten Bilder haben, während die in der Küche oder im Bad lebhafter und lustiger sein können.

Las imágenes exhibidas en las casas además de decorar condicionan nuestro subconsciente. Es importante que los cuadros o láminas que eliges te representen. Piensa también en qué lugares de la casa cuelgas los cuadros, por ejemplo el dormitorio debería tener imágenes más relajantes y la cocina o baño unas más vibrantes y divertidas.

Een dubbele whisky graag
Ich nehme einen doppelten Whisky
Un *whisky* doble por favor

Als je geen specifiek meubelstuk hebt om drank in op te bergen, kun je je flessen en glazen op een groot dienblad op een meubel zetten. Je kunt een spiegel op het dienblad vastlijmen of ertegenaan zetten: dit geeft interessante reflecties van de drankjes en versterkt het bar-idee.
Een andere optie is het ophangen van een rek zoals op de abeelding links.

Wenn Sie kein bestimmtes Möbel zum Aufbewahren von Getränken haben, können Sie Flaschen und Gläser auf einem ausreichend großen Tablett auf Ihre Möbel stellen. Sie können einen Spiegel draufkleben oder einen an das Tablett anlehnen: Dadurch werden interessante Reflexionen der Getränke erzeugt und die Idee einer Bar verstärkt.
Eine andere Möglichkeit besteht darin, ein Flaschenregal von der Decke abzuhängen, wie auf dem Bild links.

Si no se cuenta con un mueble específico para guardar bebidas, se pueden apoyar botellas y vasos en una bandeja lo suficientemente grande y colocarla sobre algún mueble. A la bandeja se le puede pegar o apoyar un espejo: esto creará interesantes reflejos de las bebidas y va a reforzar la idea de bar.
Otra opción es colgarlos de una barra como en la imagen de la izquierda.

Tussen de lakens
Zwischen den Laken
Entre las sábanas

We brengen een derde van ons leven tussen de lakens door, dus is het de moeite waard om in kwaliteit te investeren. Mijd lakens die gemaakt zijn van synthetische materialen. Gebruik puur katoen of zijde. Het kiezen van de juiste lakens kan impact hebben op de gezondheid van je huid en haar en ervoor zorgen dat je beter slaapt. Wees streng ten aanzien van je bezittingen: verkies altijd kwaliteit boven kwantiteit.

Wir verbringen ein Drittel unseres Lebens zwischen Laken, also lohnt es sich, in Qualität zu investieren. Nehmen Sie Abstand von synthetischen Materialien, verwenden Sie reine Baumwolle oder Seide. Die Wahl der richtigen Bettwäsche kann sich auf die Gesundheit Ihrer Haut und Ihrer Haare auswirken und Ihnen zu besserem Schlaf verhelfen. Seien Sie streng mit dem, was Sie anschaffen, entscheiden Sie sich immer für Qualität gegenüber Quantität.

Un tercio de nuestro día lo pasamos entre las sábanas, por lo que vale la pena invertir en unas de calidad. Huye de las sábanas de fibras sintéticas. Usa algodón o seda. Elegir la sábana correcta puede repercutir en la salud de tu piel, de tu pelo y en un mejor sueño. Sé riguroso con tus posesiones, opta por la calidad por encima de la cantidad.

Van welke foto's moet ik een afdruk bewaren?
Welche Fotos bewahre ich in Papierform auf?
¿Qué fotos elijo coger con mis manos?

Alle foto's die je voorheen in een hoop albums en dozen bewaarde, kunnen nu worden opgeslagen op een flashdrive. Toch zijn er foto's waar je in de materiële wereld van wilt blijven genieten. Deze kun je op verschillende manieren uitstallen: je kunt er een hele wand mee bedekken, je kunt ze in lijstjes doen en die bij elkaar zetten op een boekenplank of je kunt ze als een schilderij aan de muur hangen.

Alle Ihre Bilder, die zuvor unzählige Alben und Boxen gefüllt haben, können Sie nun auf einem USB-Stick oder in der Cloud speichern. Es wird jedoch Fotos geben, die Sie weiterhin um sich haben möchten. Diese können Sie auf unterschiedliche Art und Weise ausstellen: über eine ganze Wand verteilt, in Rahmengruppen, die auf Bücherregalen platziert sind, oder wie Gemälde, die an Wänden hängen.

En un *pen drive* o en la nube se pueden almacenar todas las fotografías que antes llenaban cantidad de álbumes y cajas. Habrá sin embargo fotos que uno quiere seguir disfrutando en el mundo material. Estas se pueden exhibir de distintas maneras: cubriendo toda una pared, en grupos de marcos apoyados en bibliotecas o colgadas cual cuadros en las paredes.

Ontvang elke dag een ansichtkaart
Jeden Tag eine Postkarte
Recibe postales cada día

Het komt veel voor dat ansichtkaarten en papieren souvenirs die lastig weg te gooien zijn in een doos onder in de kast eindigen. Haal de herinneringen die je koestert eruit en geniet ervan. Als je niet wilt dat iedereen ze ziet, kun je ze aan de binnenkant van je kastdeuren ophangen en ze verwisselen als je ze beu bent.

Normalerweise landen Postkarten und Souvenirs aus Papier, weil Sie sie nur schwer wegwerfen können, in einer Schachtel in der Tiefe eines Schranks. Nehmen Sie diejenigen heraus, die Sie am meisten schätzen und genießen Sie sie. Ein interessanter Ort, um sie aufzuhängen, wenn nicht jeder sie sehen soll, ist die Innenseite einer Schranktür – und Sie können sie auswechseln, wenn Sie ihrer müde werden.

Es muy común tener postales y recuerdos en papel que da pena tirar pero que terminan metidos en una caja al fondo del armario. Saca las más preciadas a la luz y disfrútalas. Un lugar interesante donde exhibirlas si no las quieres hacer públicas es el interior de las puertas de los armarios, donde las puedes ir cambiando si te cansas.

Alle documenten op één plek
Alle Dokumente an einem Ort
Los documentos en un solo lugar

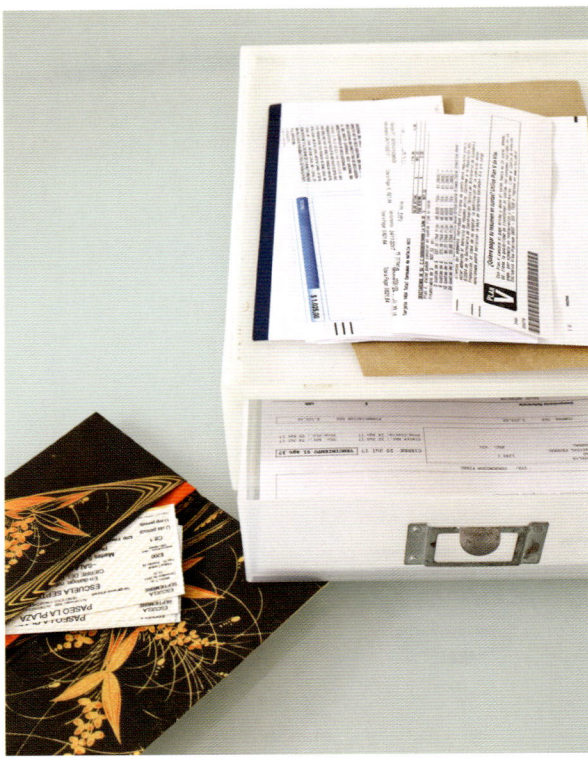

Om altijd je papieren en documenten te kunnen vinden moet je ze op één plek bewaren. Kies een ruimte met een of twee laden waar je alles kunt opbergen.

Zorg voor een niet te vergaande rangschikking, omdat te nauwgezet rangschikken contraproductief is: als je niet meer weet onder welk onderwerp je bepaalde papieren hebt opgeborgen verlies je ze uit het oog.

Der Schlüssel, Papiere und Dokumente leicht wiederzufinden, besteht darin, sie an einem Ort zu sammeln. Weisen Sie ihnen also einen Raum mit einer oder zwei Schubladen zu.

Führen Sie eine grobe Klassifizierung durch, weil es manchmal kontraproduktiv ist, zu streng zu klassifizieren: Wir können uns nicht erinnern, unter welchem Stichwort wir bestimmte Papiere geparkt haben, und deshalb verlieren wir sie aus den Augen.

La clave para encontrar siempre los papeles administrativos y los documentos es mantenerlos juntos en un solo lugar. Asigna un espacio con una o dos cajoneras donde guardarlos todos.

Haz una clasificación general, no muy exhaustiva, ya que clasificar demasiado a veces es contraproducente: no recordamos bajo qué ítem clasificamos cierto papel y lo perdemos de vista.

Rekeningen in het zicht
Rechnungen im Blick
Facturas a la vista

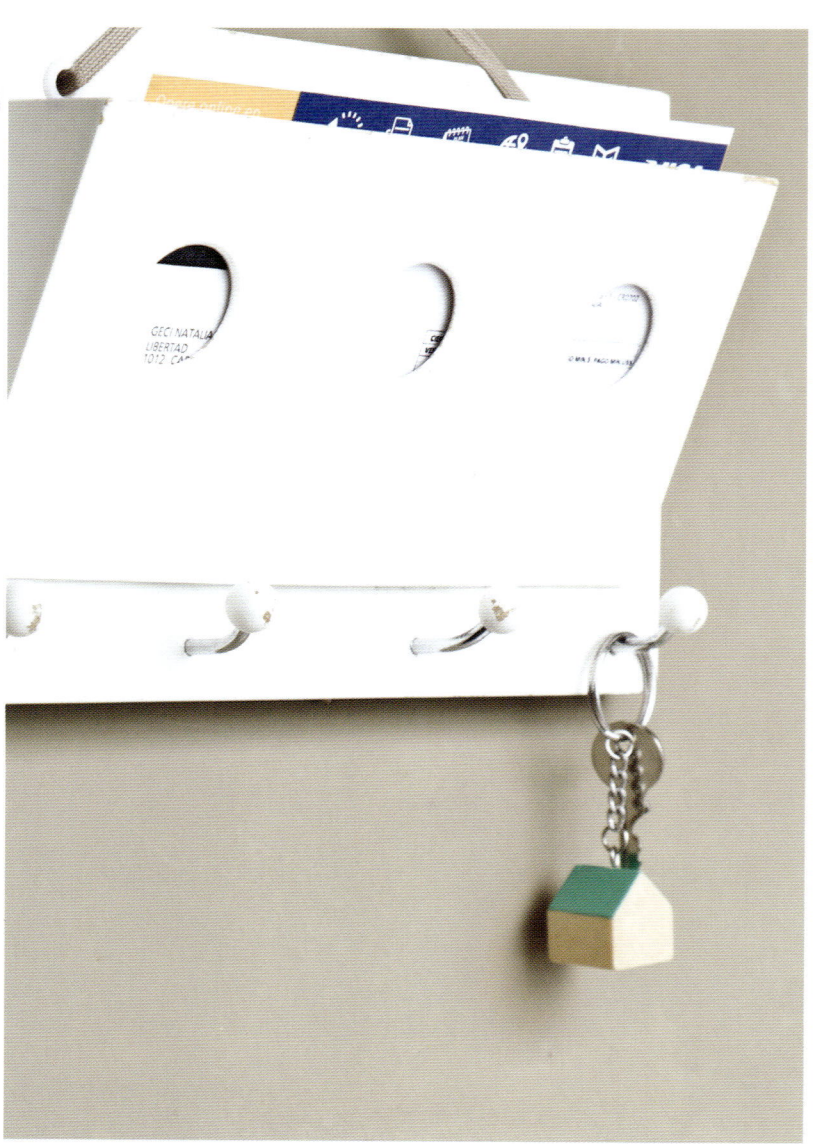

Papierwerk dat nog afgehandeld moet worden, en dus niet weggegooid of opgeborgen kan worden, moet in het zicht liggen, zodat je het niet vergeet. Rekeningen die betaald moeten worden kun je bij de voordeur of op je bureau leggen, of aan een wandorganizer hangen. Het is belangrijk om dit soort papierwerk snel af te handelen en het dan op te bergen of weg te gooien.

Papiere, die nicht weggeworfen oder abgelegt werden können, sollten dort platziert werden, wo sie sichtbar sind, damit wir sie nicht vergessen. Unbezahlte Rechnungen können an der Eingangstür, in unserem Schreibtisch oder an einer Pinnwand platziert werden. Es ist wichtig, Papierkram schnell zu erledigen, damit er aus dem Kopf ist.

Para aquellos papeles que están en uso, que no podemos ni tirar ni archivar, necesitamos un lugar que esté a la vista para no olvidarnos de ellos. Las cuentas a pagar podemos tenerlas cerca de la puerta, en el escritorio, o en algún organizador de pared. Lo importante es sacarnos de encima rápido lo que sea que nos demandan estos papeles y luego descartarlos o archivarlos.

Elk boek daar waar het gelezen wordt
Jedes Buch dort, wo es gelesen wird
Cada libro donde se lee

Boeken die op een specifieke plek gelezen worden, horen op die plek te liggen. Kookboeken in de keuken, naslagwerken op het bureau, kinderboeken in de kinderkamer en de boeken waar we graag in de badkamer in bladeren horen daar ook hun eigen plek te hebben. Kies voor kookboeken een plek uit de buurt van damp of water.

Bücher sollten dort untergebracht werden, wo sie auch gebraucht werden: Kochbücher in der Küche, Nachschlagewerke auf dem Schreibtisch, Kinderbücher im Kinderzimmer und solche, in denen wir gerne im Badezimmer schmökern, sollten dort ihren Platz haben. Halten Sie Kochbücher von Dampf und Wasser fern.

Los libros que se utilicen en un lugar específico conviene tenerlos allí donde se utilizan. Libros de recetas en la cocina, libros de referencia en el escritorio, los infantiles en el cuarto de los niños, y aquellos que nos gusta hojear en el baño también deberían tener su lugar allí. Elige un lugar lejos del agua y el vapor para los libros de cocina.

Rangschikcriteria
Ordnungskriterien
Criterio de clasificación

Als je eenmaal besloten hebt welke boeken je wilt bewaren en welke je wilt weggooien, kun je na gaan denken over hoe je ze in je boekenkast wilt rangschikken. Er zijn veel verschillende criteria voor het ordenen van boeken: op onderwerp, alfabetische volgorde, schrijver en, voor wie de voorkeur geeft aan esthetiek, op kleur. De methode die je kiest hangt af van je smaak en behoeften.

Sobald Sie entschieden haben, welche Bücher Sie behalten und welche Sie wegwerfen möchten, sollten Sie darüber nachdenken, wie Sie Ihre Bibliothek organisieren wollen. Es gibt viele Ordnungskriterien für Bücher: nach Thema, nach alphabetischer Reihenfolge, nach Autoren oder, wenn Sie möchten, nach Farbe. Die gewählte Methode hängt von Ihrem Geschmack und Ihren Anforderungen ab.

Una vez que hayas hecho la selección de los libros que quieres guardar y los que desechas, debes pensar en cómo ubicarlos en la biblioteca. Hay muchos criterios para ordenar libros: por tema, por orden alfabético, por autor y, para los que priorizan la estética, por color. El método elegido dependerá de tus gustos y necesidades.

Titels vertellen ons iets
Sprechende Buchtitel
Los títulos nos dicen cosas

De titels en woorden van boeken hebben een heel krachtige energie. De boeken waarmee we ons omringen en de plek waar we ze neerzetten moeten we zorgvuldig uitkiezen. Als je bijvoorbeeld geïnteresseerd bent in boeken over de Tweede Wereldoorlog, dan is het niet gepast om die in je slaapkamer of in een relaxhoek te bewaren. We moeten ervoor zorgen dat de boeken waarmee we ons omringen uitdrukken wie we willen zijn.

Die Energie der Buchtitel und Ihres Inhalts ist sehr mächtig. Wir müssen aufmerksam sein, mit welchen Büchern wir uns umgeben und wo wir sie platzieren. Wenn wir zum Beispiel an Büchern über den Zweiten Weltkrieg interessiert sind, wäre es nicht angemessen, solche Bücher in einem Schlafzimmer oder einem Entspannungsort zu haben. Wir sollten sicherstellen, dass die Bücher, die uns umgeben, uns widerspiegeln.

La energía de los títulos de los libros y las palabras que encierran son muy poderosas. Cuidemos de qué libros queremos rodearnos y dónde los ubicamos. Si nos interesan historias de la Segunda Guerra Mundial por ejemplo, no conviene que tengamos esos libros en un dormitorio o un lugar de relajación. Busquemos que los libros que nos rodean reflejen la persona que queremos ser.

Muziek voor fijnproevers
Musik für Kenner
Música para entendidos

Muziek, boeken en nog veel meer andere dingen hoeven niet langer fysiek ruimte in beslag te nemen. Veel is (hopelijk) veilig opgeborgen in het digitale universum. Maar er zijn nog altijd veel muziekliefhebbers die liever fysiek contact met voorwerpen hebben. Zij genieten van het unieke geluid van vinyl en vinden het fijn om in hun cd-collectie te neuzen.

Musik muss zusammen mit Büchern und vielen anderen Dingen keinen physischen Ort mehr einnehmen. Vieles davon ist im digitalen Universum (hoffentlich) sicher gespeichert. Trotzdem schätzen viele Musikliebhaber den physischen Kontakt mit Objekten. Sie genießen den einzigartigen Sound von Vinyl-Schallplatten und schätzen es, ihre CD-Bibliothek zu durchstöbern.

La música, así como los libros y tantas otras cosas, ya no tienen por qué ocupar un lugar físico. Están a salvo (espero) y a montones en el universo digital. Dicho esto, muchos amantes de la música siguen apreciando el contacto físico con el objeto. Disfrutan del sonido inigualable de los discos de vinilo y aprecian ojear su biblioteca repleta de CD.

Tijdschriften met houdbaarheidsdata
Magazine mit Verfallsdatum
Revistas con fecha de vencimiento

Je kunt magazines op een centrale salon-tafel leggen om er af en toe in te lezen, of je kunt een grote collectie hebben en die op boekenplanken bewaren. Ga na welke verzamelingen nog actueel en welke in-middels verouderd zijn. Gooi die laatste weg als ze toch alleen maar stof verzame-len en ruimte innemen.

Sie können Zeitschriften zum gelegent-lichen Lesen auf einen zentralen Couch-tisch legen oder, wenn es zu viele sind, sie in Bücherregalen unterbringen. Überprü-fen Sie, welche noch relevant und welche bereits veraltet sind. Wenn letztere nur unnötig Platz brauchen und Staub anhäu-fen, werden Sie sie los.

Las revistas las puedes tener en una mesa de centro como lectura ocasional o, si po-sees grandes colecciones, puedes dedi-carle una biblioteca para alojarlas. Revisa qué colecciones siguen siendo una refe-rencia y cuáles ya quedan obsoletas. Des-hazte de las últimas si solo ocupan espa-cio y acumulan polvo.

Een thuisspa
Wellness daheim
Un *spa* en casa

Verander je badkamer in dat wat het dichtst in de buurt komt van een privéspa. Profiteer van die privémomenten en voorzie je badkamer van spullen die ontspannend werken. Zet er planten neer, zeker tropische planten geven je een vakantiegevoel. Hang vooral ook afbeeldingen op die je inspireren, zet fijne geurkaarsen neer en accessoires die de boel opfrissen.

Verwandeln Sie Ihr Badezimmer in ein eigenes Spa. Nutzen Sie die privaten Momente hier und statten sie mit Gegenständen aus, die Entspannung fördern. Die Verwendung von Pflanzen, zumal mit einem tropischen Aussehen, können Sie an Ihren Urlaub erinnern. Nehmen Sie ruhig auch Bilder, die Sie inspirieren, angenehm duftende Kerzen und Dekorationen, die Sie aufheitern.

Haz de tu cuarto de baño lo más parecido a un *spa* privado. Saca provecho de esos momentos de intimidad y dota al lugar de cosas que inciten a la relajación. El uso de plantas, sobre todo las de aspecto tropical te van a remitir a un lugar de vacaciones. No dudes en usar láminas con imágenes que te inspiren, velas con aromas agradables y adornos que alegren la vista.

Kies voor witte handdoeken
Nehmen Sie weiße Handtücher
Opta por toallas blancas

Koop witte handdoeken als je aan nieuwe toe bent. In hotelkamers worden witte handdoeken om praktische en hygiënische redenen gebruikt: was ze met een beetje bleek en ze zijn als nieuw. Daarbij geeft wit je badkamer een frisse en eenvoudige uitstraling. Met heel veel andere accessoires kun je een origineel of kleuraccent aanbrengen.

Wenn Sie mal wieder neue Handtücher brauchen, wählen Sie weiße. Die Hotels benutzen aus praktischen und hygienischen Gründen weiße Handtücher in ihren Zimmern: Waschen Sie sie mit etwas Bleichmittel, und sie werden wie neu sein. Darüber hinaus verleiht Weiß Ihrem Badezimmer einen Look von Sauberkeit und Einfachheit. Für Farbtupfer und Originalität können andere Gegenständen sorgen.

A la hora de renovar las toallas opta por el blanco. Los hoteles usan toallas blancas en sus habitaciones por razones de practicidad y limpieza: se las lava con un poco de lejía y quedan como nuevas. El blanco le dará además un aspecto de prolijidad y simplicidad a tu baño. Los toques de color y originalidad se pueden aportar con muchos otros elementos.

Gebruik altijd verse crèmes
Verwenden Sie immer frische Cremes
Las cremas siempre frescas

De tijd verstrijkt sneller dan je denkt: voor je het weet heb je laden en kastjes vol spullen die over de datum zijn.
Check met regelmaat de houdbaarheidsdatum van medicijnen en de conditie van je crèmes. Check voor je nieuwe producten koopt wat je nog in huis hebt, omdat je anders met een heleboel halve potten crème komt te zitten die over de datum zijn.

Die Zeit vergeht schneller, als es scheint: Im Nu sind Ihre Schubladen und Schränke voller abgelaufener Produkte.
Überprüfen Sie regelmäßig das Verfallsdatum Ihrer Medikamente und den Zustand Ihrer Cremes. Bevor Sie neue kaufen, prüfen Sie, welche Produkte Sie noch haben, weil häufig noch Dutzende von abgelaufenen, halbaufgebrauchten Cremes da sind.

El tiempo pasa más rápido de lo que parece: cuando nos queremos acordar tenemos los cajones y armarios repletos de productos caducados.
Comprueba regularmente la fecha de caducidad de los medicamentos y el estado de tus cremas. Antes de comprar nuevas, revisa qué productos tienes todavía, ya que es muy común tener decenas de cremas caducadas a medio terminar.

De make-uphoek
Die Schminkecke
El rincón de maquillaje

Als je de gelukkige eigenaar van een kap-tafel bent, dan hoort je make-up daar thuis. Als je dat geluk niet hebt, kun je een hoek van een meubel of plank gebruiken om je schoonheidsproducten en de on-misbare spiegel neer te zetten. Je kunt het gebied afbakenen met een tray, een stuk stof of een print erachter voor een mooi make-uphoekje.

Wenn Sie das Privileg eines Frisiertischs genießen, sollten dort Ihre Kosmetika sein. Wenn Sie nicht so viel Glück haben, können Sie die Ecke eines Möbelstücks oder eines Regals nutzen und Ihre Schön-heitsprodukte dort zusammen mit dem essenziellen Spiegel platzieren. Sie kön-nen den Bereich mit einem Tablett, einem Stoff oder Hintergrunddruck abgrenzen, um eine schöne Schminkecke zu zaubern.

Si se tiene el privilegio de tener un toca-dor es allí donde deben estar los cosméti-cos. Si no cuentas con esa suerte, puedes utilizar un estante o el rincón de un mue-ble y agrupar allí tus productos de belleza y el imprescindible espejo. Puedes delimi-tar la zona con alguna bandeja, trozo de tela o lámina de fondo para crear un rin-cón bonito donde maquillarte.

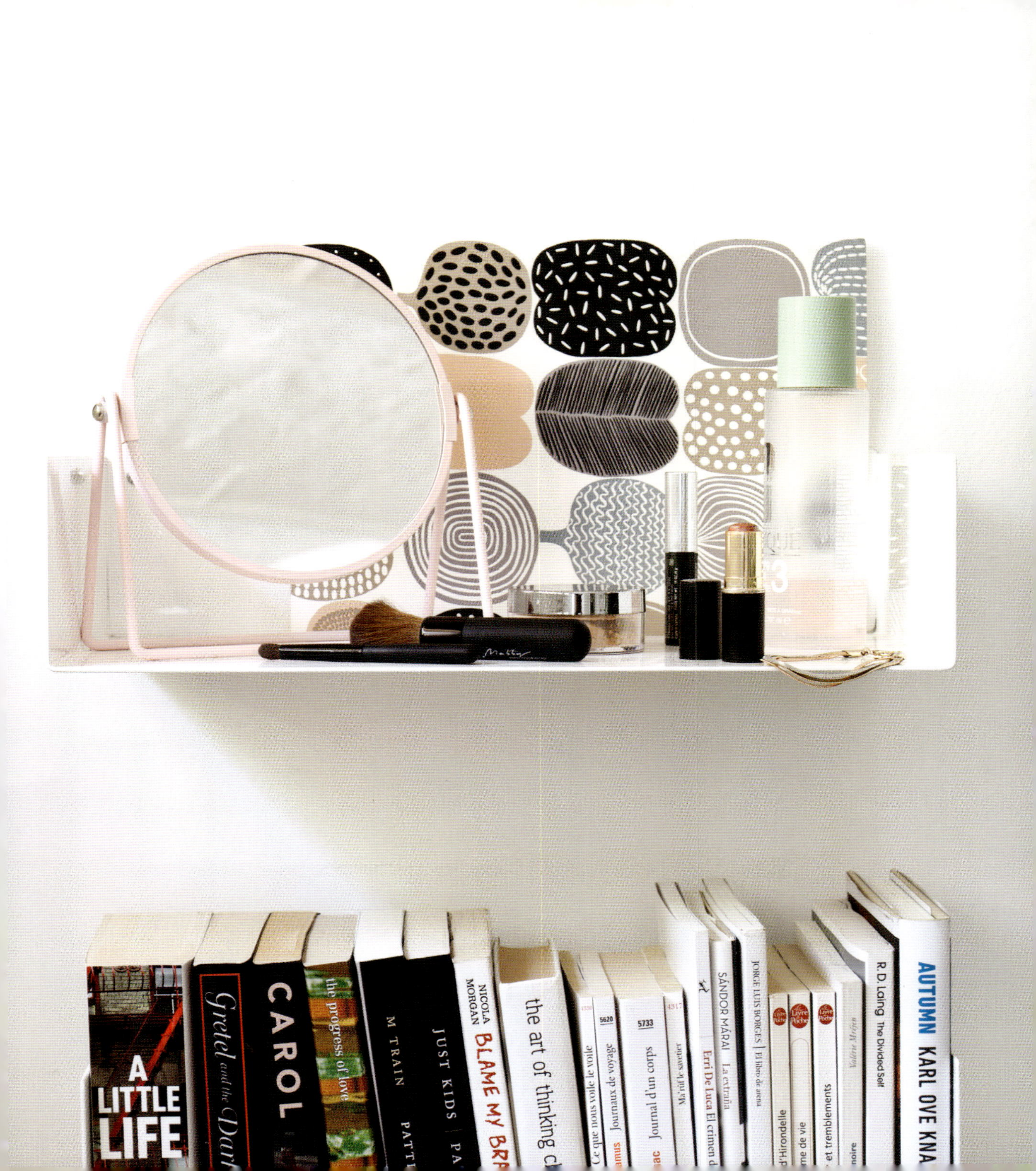
A LITTLE LIFE
Gretel and the
CAROL
the progress of love
M TRAIN
JUST KIDS
NICOLA MORGAN
BLAME MY
the art of thinking
Ce que nous voile le voile
5620
Journaux de voyage
5733
Journal d'un corps
Ma'rûf le savetier
Erri De Luca
SÁNDOR MÁRAI
La extraña
JORGE LUIS BORGES
El libro de arena
et tremblements
R. D. Laing
The Divided Self
AUTUMN
KARL OVE

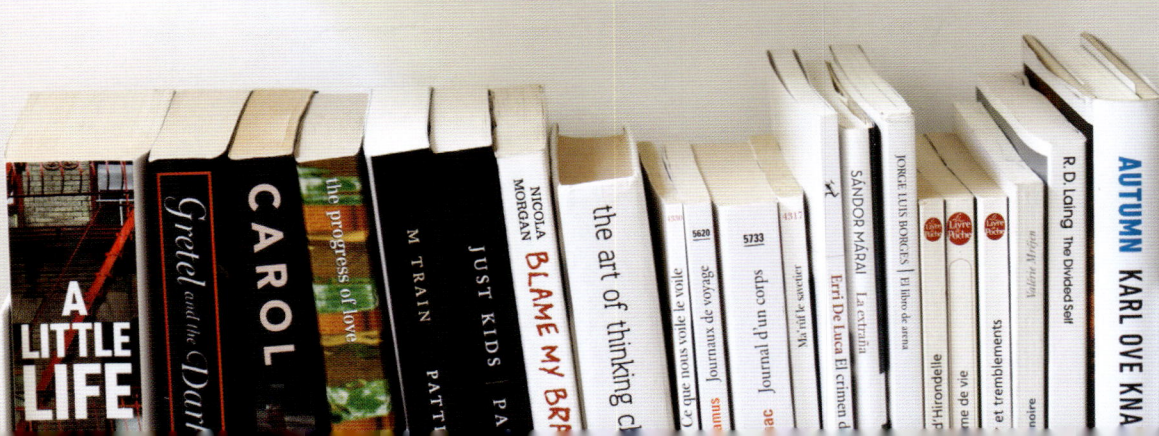

Mooie meubels in de badkamer
Schöne Möbel im Bad
Muebles finos en el baño

Aarzel niet om in de badkamer meubels te gebruiken die voor een andere ruimte bedacht zijn. Het kan heel zinvol zijn om een andere touch aan dit vertrek te geven. Je kunt een nachtkastje naast het bad zetten voor je shampoo, sponzen of zelfs je boek. Een bijzettafeltje met een lamp kan voor een extra warm accent zorgen.

Zögern Sie nicht, Möbel aus anderen Zimmern im Badezimmer zu benutzen. Das kann sehr nützlich sein und diesem Raum eine besondere Note verleihen. Sie können auf einem Nachttisch neben der Badewanne Shampoo oder Schwämmen oder sogar ein Buch ablegen. Eine Lampe auf einem Beistelltisch kann auch einen Hauch von Wärme hinzufügen.

No dudes en usar muebles que pertenecerían a otras estancias, en el baño. Pueden ser de mucha utilidad y le dan un toque diferente a este ambiente. Se puede usar una mesita de apoyo al lado de la bañera para poner el champú o las esponjas o incluso un libro. Una lámpara sobre una consola puede también dar un toque de calidez.

Afgebakend op het wastafelblad
Bestens aufgehoben
En la encimera, enmarcadas

De crèmes die je elke dag gebruikt en los op je wastafelblad staan, horen eigenlijk op een tray of in een bakje thuis, zodat je blad schoner en netter blijft en makkelijker schoon te maken is. Je kunt een ondiep bakje gebruiken voor grotere producten en kleine mandjes of blikjes voor kinderspullen.

Die Cremes auf der Waschtischplatte, die Sie täglich verwenden, sollten auf Tabletts oder in Containern platziert werden, um die Oberfläche sauberer zu halten und die Reinigung zu erleichtern. Sie können flache Behälter für größere Produkte und kleine Körbe oder Dosen für die Kinder wählen.

Aquellas cremas de uso diario que tienes apoyadas en la encimera del lavabo conviene colocarlas en bandejas o recipientes. Esto dejará la superficie más despejada y prolija y hará la tarea de limpieza más sencilla. Puedes elegir cualquier recipiente plano para los productos más grandes y cestitas o latas para los más pequeños.

Een onberispelijk aanrecht
Eine makellose Arbeitsplatte
Una encimera impecable

'Makkelijk schoon te maken' moet het criterium zijn bij het opruimen van de keuken. Zorg dat je aanrecht zo leeg mogelijk is. Als je niet genoeg opbergruimte hebt, kun je keukenspullen aan een eenvoudige roede aan de muur hangen. Als je kasten hebt, gebruik dan ook de deuren om bijvoorbeeld pannendeksels aan op te hangen.

Das Kriterium für die Reinigung der Küche sollte möglichst große Überschaubarkeit sein. Stellen Sie sicher, dass die Arbeitsplatten so klar wie möglich sind. Wenn Sie nicht genügend Stauraum haben, können Sie Objekte mit einer einfachen Schiene an Wände hängen. Wenn Sie Schränke haben, verwenden Sie auch ihre Türen, um etwa Topfdeckel zu sichern.

El criterio a la hora de ordenar la cocina debería ser el de la fácil limpieza. Procura que las encimeras queden lo más despejadas posible. Si no cuentas con suficiente lugar de almacenaje puedes colgar los objetos en las paredes mediante un simple riel. Si tienes armarios, usa también sus puertas para guardar objetos como las tapas de cacerolas.

Overdrijf de bedoeling
Übertreibung macht deutlich
Exagera la intención

Als je een keuken hebt met open planken en spullen in het zicht staan, dan kun je een opgeruimder en harmonieuzer beeld scheppen door ze op kleur of materiaal te groeperen. Als je ergens een kleuraccent wilt aanbrengen, kun je dit versterken met kleurrijke prints, zoals op de afbeelding links.

Wenn Ihre Küche offene Regale und Utensilien permanent im Blick hat, haben Sie die Möglichkeit, die Dinge nach Farbe oder Material zu gruppieren. Und wenn Sie in einem beliebigen Bereich einen Farbtupfer setzen möchten, können Sie dies tun, indem Sie bunte Drucke wie auf dem Bild links verwenden.

Si tu cocina es de las que tiene estanterías abiertas y los objetos a la vista, una manera de hacerla parecer mas ordenada y visualmente mas armónica es agrupar los mismos por color o por material. Si buscas dar un golpe de color en algún sector, puedes reforzar esta intención acompañando los objetos por láminas también coloridas como en la imagen izquierda.

Groepeer keukengerei op materiaalsoort
Kochgeschirr nach Material gruppieren
Agrupa los utensilios por material

Bestek en keukengerei kun je horizontaal in laden of verticaal in potten opbergen. Daarnaast kun je ook keukengerei aan een roede aan de wand of aan een meubelstuk hangen. Als deze spullen in het zicht hangen, groepeer je ze per materiaalsoort: hout aan de ene kant, metaal aan de andere.

Besteck und Küchenutensilien können horizontal in Schubladen oder vertikal in Töpfen gelagert werden. Zusätzlich lassen sich auch Utensilien an der Wand oder an Möbel befestigten Halterungen aufhängen. Wenn diese Gegenstände permanent im Blick sind, sollten wir sie nach Material gruppieren, einerseits aus Holz und andererseits aus Metall.

Los cubiertos y utensilios de cocina pueden guardarse horizontalmente en cajones o en jarrones de manera vertical. Los utensilios también los podemos colgar de rieles clavados a la pared o de algún mueble. Si tenemos estos elementos a la vista procuremos agruparlos por material, los de madera en un lado y los de metal en el otro.

Handgeschreven keukenlijstjes
Handgeschriebene Küchenlisten
Las listas de cocina a mano

Pen en papier zijn een must in de keuken. Er is altijd wel iets om op te schrijven: een reminder, een boodschappenlijst. Kies voor pennen en notitieboekjes een vaste plek, zodat je niet eerst het hele huis moet doorzoeken. Een interessante optie is een krijtbord waar je berichten op kunt noteren, tekeningen of zelfs een maandkalender op kunt kalken.

Unverzichtbar in der Küche: Papier und Bleistift. Es gibt immer etwas zu notieren: eine Erinnerung, eine Einkaufsliste. Wir sollten einen bestimmten Platz für Bleistifte und Notizbücher ausweisen, damit wir keine Zeit damit verschwenden, nach ihnen zu suchen. Eine interessante Option ist eine Tafel, auf der wir Nachrichten notieren, Zeichnungen machen oder sogar einen Monatskalender anlegen können.

No debe faltar en una cocina lápiz y papel. Siempre hay algo para anotar: un recordatorio, una lista de compras. Asignemos un lugar claro para lápices y cuadernos para no perder el tiempo buscando por toda la casa. Una opción interesante es tener una pizarra donde anotar mensajes, hacer dibujos o incluso tener un calendario mensual hecho en tiza.

Gebruik je porseleinen servies
Verwenden Sie das Geschirr aus Limoges
Usa la vajilla de Limoges

Stof je porseleinen servies af en gebruik het dagelijks. Geniet ervan.
Als je niet je spullen maar jezelf tot de ster bombardeert, verandert de verhouding die je ermee hebt. Wees niet bang om ze te gebruiken omdat ze kunnen breken of slijten.
Als jij vindt dat je deze mooie spullen verdient, dan is dat van invloed op je zelfwaardering en zelfbeeld.

Stauben Sie das Limoges-Geschirr ab und verwenden Sie es täglich. Genießen Sie es.
Wenn Sie sich selbst statt der Objekte zum Star machen, wird sich Ihre Beziehung zu diesen ändern. Zögern Sie nicht, sie zu benutzen, aus Angst, dass sie kaputtgehen oder sich abnutzen.
Wenn Sie daran glauben, dass Sie es verdienen, qualitativ hochwertige Gegenstände zu verwenden, wird das sich auf Ihr Selbstwertgefühl und Ihr Selbstbild auswirken.

Desempolva la vajilla de Limoges y úsala diariamente. Disfrútala.
Si te pones a ti como protagonista en lugar de a las cosas, tu relación con ellas cambiará. No tengas reparo en usarlas por miedo a que se rompan o se gasten.
Piensa que mereces usar cosas de calidad, eso repercutirá en tu autoestima y en la visión de ti mismo.

Waar zet je je eten neer?
Wohin mit den Lebensmitteln?
¿Dónde pones lo que comes?

We moeten aandacht geven aan de bakken waarin we eten opbergen. De materialen die we gebruiken kunnen van invloed zijn op dat wat we erin bewaren.
Fruit is langer houdbaar in een bakje met gaten erin. Het fruit onderin kan zo ademen, wat voorkomt dat het gaat rotten.

Wir müssen aufmerksam sein, in welchen Behältern wir Nahrung aufbewahren. Die Materialien, die wir verwenden, beeinflussen ihre Haltbarkeit.
Obst wird in einem Behälter mit Löchern aufbewahrt, da die darunter platzierte Frucht atmen kann und so vor Verrottung geschützt ist.

Cuidemos los recipientes en los que colocamos los alimentos. Los materiales que usemos influyen en la conservación de los mismos.
La fruta se conservará mejor si la almacenamos en un recipiente con agujeros, ya que las que quedan abajo pueden respirar y esto evita que se pudran.

Een bacterievrije koelkast
Ein keimfreier Kühlschrank
Una nevera libre de gérmenes

Een schone koelkast leidt tot georganiseerd boodschappen doen.
Voedsel moet bewaard worden in afgesloten glazen potten, zodat we kunnen zien wat we in huis hebben en niets verspillen. Kies voor glas omdat plastic schadelijke stoffen afgeeft.
Eieren bewaar je niet in de doos, maar in een afgesloten glazen schaal om te voorkomen dat ze de rest van de koelkast besmetten.

Ein ordentlicher Kühlschrank führt zu gut organisiertem Einkaufen.
Lebensmittel sollten in versiegelten Glasbehältern aufbewahrt werden, damit wir sehen können, was wir haben, und es keine Verschwendung gibt. Sie sollten Glas wählen, weil Plastik schädliche Substanzen freisetzt.
Eier sollten nicht in der Box, sondern in einem verschlossenen Glasbehälter aufbewahrt werden, um zu verhindern, dass sie den Rest des Kühlschranks verunreinigen.

Una nevera ordenada lleva a hacer compras ordenadas.
Los alimentos deben guardarse en recipientes cerrados de vidrio para ver lo que hay y que no haya desperdicio. Se elige el vidrio ya que el plástico despide sustancias nocivas.
Los huevos no van en la huevera sino en un recipiente de vidrio cerrado para no contaminar el resto de la nevera.

Wijn op de juiste temperatuur bewaard
Wein wohltemperiert gelagert
Los vinos a la temperatura correcta

Idealiter bewaar je wijn op een constante temperatuur tussen 12 en 16 graden. Het is niet raadzaam om wijn in de keuken te bewaren, omdat de temperatuur daar schommelt. De opbergplek moet donker en goed geventileerd zijn, zodat de wijn geen slechte geuren opneemt. Leg de flessen horizontaal neer zodat de wijn in contact is met de kurk en die niet uit kan drogen.

Idealerweise sollte Wein bei einer konstanten Temperatur zwischen 12 und 16 Grad gelagert werden. Es ist nicht ratsam, ihn in der Küche zu behalten, wo die Temperatur schwankt. Die Lagerort muss dunkel und gut durchlüftet sein, damit der Wein keine schlechten Gerüche aufnimmt. Die Flaschen müssen flach liegen, damit der Wein in Kontakt mit dem Korken kommt und dieser nicht austrocknet.

Lo ideal es que el vino esté a una temperatura constante entre los 12 y 16 grados. Es desaconsejable guardarlos en la cocina donde la temperatura varía. El sitio de almacenamiento debe ser oscuro y tener buena ventilación para estar libre el vino de olores. Las botellas deben estar en posición horizontal para estar en contacto con el corcho y evitar que éste se seque.

Een goed gedekte tafel
Ein schön gedeckter Tisch
Una mesa bien servida

Eten smaakt beter op een goed gedekte tafel. Aantrekkelijke voorwerpen, schalen die het eten dat erin zit accentueren, tafelkleden of mooie placemats, een gelegenheidsbloem, een zoutmolen die prettig is in gebruik: dit alles zorgt ervoor dat eten meer is dan alleen het verplaatsen van voedsel naar je mond. Zelfs tafeldekken wordt zo een aangename bezigheid.

Essen schmeckt besser auf einem schön gedeckten Tisch. Attraktive Gegenstände, Gefäße, die die Speisen erhöhen, Tischdecken oder schöne Einzelgestaltungen, eine Blume hier und da, ein angenehm in der Hand liegender Salzstreuer – all dies sorgt dafür, dass Essen nicht nur Speisen in den Mund befördert. Schon der gedeckte Tisch wird zu einer angenehmen Erfahrung.

La comida sabe mejor si la acompaña una mesa bien puesta. Objetos atractivos, recipientes que realzan la comida que contiene, manteles o individuales bonitos, alguna flor, un salero que nos dé gusto coger, todo eso hace que la experiencia de comer no solo sea llevarse comida a la boca; incluso servir la mesa será una experiencia placentera.

WERKPLEKKEN

Er bestaan verschillende soorten bureaus waar we verschillende strategieën voor kunnen hanteren. Iemand die thuis werkt heeft andere behoeften dan iemand die zijn bureau alleen zo nu en dan gebruikt. Als je geen aparte werkkamer hebt en je bureau ook voor andere activiteiten gebruikt, dan moet je manieren vinden om de ruimte mentaal en fysiek op te delen.
Hier leren we hoe je een werkplek zo opruimt en organiseert dat werken en creëren zo aangenaam mogelijk worden.

ARBEITSBEREICHE

Es gibt verschiedene Arten von Schreibtischen, und wir können sie unterschiedlich nutzen. Wenn Sie zu Hause arbeiten oder Ihren Schreibtisch nur gelegentlich benutzen, werden Ihre Bedürfnisse andere sein. Wenn Sie keinen eigenen Raum zum Arbeiten haben, aber Ihren Schreibtisch für andere Aktivitäten nutzen, sollten Sie Wege finden, beide Nutzungen geistig und physisch zu trennen.
Hier erfahren Sie, wie man den Arbeitsbereich aufräumt und vorbereitet, um das Arbeiten und Gestalten so angenehm wie möglich zu gestalten.

ESPACIOS DE TRABAJO

Hay distintos tipos de escritorio y podemos adoptar estrategias diferentes para ellas. Si trabajas en casa o si solo usas el escritorio ocasionalmente las necesidades van a ser distintas. Si no cuentas con una habitación especial para trabajar, sino que compartes el escritorio con otras actividades, se deben buscar recursos para poder separar física y mentalmente el espacio.
Aquí veremos cómo hacer orden y acondicionar el espacio de trabajo para que sea lo más agradable posible trabajar y crear.

Wat onmisbaar is
Was unbedingt nötig ist
Lo que no puede faltar

Een werkplek moet een tafel of bureau bevatten, een comfortabele stoel, planken of bakjes met alles wat je voor je werk nodig hebt, een natuurlijke lichtbron (geen direct zonlicht) en een dimbare lamp voor 's avonds. Voorkom stompe potloden of vulpennen zonder vulling. Houd je werkgerei bij de hand en in goede conditie.

Ein Arbeitsplatz muss einen Tisch oder Schreibtisch, einen bequemen Stuhl, Regale oder Container mit allem, was Sie für den Job brauchen, natürliches Licht (aber keine direkte Sonneneinstrahlung) und eine einstellbare Lampe für die Nacht haben. Vermeiden Sie stumpfe Stifte oder solche ohne Patronen. Halten Sie die Utensilien griffbereit und in gutem Zustand.

Un espacio de trabajo debe tener una mesa o escritorio, una silla confortable, estantes o contenedores con todo lo necesario para el trabajo, una fuente de luz natural (no sol directo) y luz focalizada para la noche. Procura evitar tener lápices sin punta o plumas sin cartucho. Ten los útiles a mano y en condiciones.

Mappen met liefde
Ordner mit Liebe
A las carpetas, con amor

Deze typische kantoorbenodigdheden verpesten de schoonheid van elk bureau. Dit kun je voorkomen door de rug van je mappen te bekleden met een stof of papier die matcht met de rest van je interieur. Op de foto rechts zijn de mappen bekleed met raffia, een rustiek materiaal dat heel goed samengaat met het oude hout in deze ruimte.

Diese typischen Büroartikel ruinieren die Ästhetik jedes Schreibtisches. Um dies zu verhindern, werden die Ordner mit Stoff oder Papier gefüttert, die sich gut mit dem übrigen Dekor kombinieren lassen. Auf dem Foto rechts sind die Ordner mit Bast gefüttert, einem rustikalen Material, das gut mit dem recycelten Holz in diesem Raum harmoniert.

Estos elementos tan de oficina arruinan la estética de cualquier escritorio. La manera de evitar esto es forrando las carpetas con alguna tela o papel que vaya a tono con el resto de la decoración. En la foto de la derecha se han forrado con rafia, material rústico que convive bien con la madera reciclada de este espacio.

Een goede werkhouding
Gute Haltungsnoten
Para una buena postura

Verwijder alles van je bureau wat je werk hindert en zet neer wat je inspireert, goed voor je is, en de sfeer prettiger maakt. Ben je nerveus, houd dan een stressbal bij de hand om de spanning te verlagen. Een goede werkhouding is essentieel om stijfheid en overbelasting te voorkomen. Ga dus op zoek naar spullen die dit mogelijk maken.

Entfernen Sie alles von Ihrem Schreibtisch, was Ihre Arbeit behindert, und fügen Sie alles hinzu, was Sie inspiriert, sich um Sie kümmert und die Atmosphäre freundlicher macht. Wer nervös ist, sollte einen Anti-Stress-Ball zur Verfügung haben, um Spannungen abzubauen. Die richtige Haltung während der Arbeit ist wichtig, um Kontrakturen und Verletzungen zu vermeiden, also finden Sie Objekte, die es möglich machen.

Quita del escritorio todo aquello que entorpece el trabajo y añade todo aquello que te inspira, te cuida y hace más amigable el ambiente. Para los más nerviosos, tener a mano una bola antiestrés puede ayudar a descargar tensiones. Adoptar una postura correcta mientras se trabaja es fundamental para evitar contracturas y lesiones, por ello busca todos aquellos elementos que la hagan posible.

Planning in het zicht
Organisation im Blick
La organización a la vista

Het is heel zinvol om achter het bureau een verticaal oppervlak te hebben om reminders, kalenders, lijstjes of inspirerende foto's te bevestigen. Je kunt een prikbord of de muur gebruiken om papiertjes op te hangen. Als je geen groot oppervlak hebt, kun je volstaan met een paar vierkante centimeters voor de belangrijkste items.

Es ist sehr nützlich, eine vertikale Fläche in Schreibtischnähe zu haben, wo Sie Erinnerungen, Kalender, Listen oder inspirierende Fotos aufhängen können. Sie können eine Pinnwand oder die Wand selbst verwenden. Wenn keine große Fläche zur Verfügung steht, genügen wenige Quadratzentimeter, um die wichtigsten Gegenstände zu platzieren.

Es muy útil contar con una superficie vertical frente al escritorio donde colgar recordatorios, calendarios, listas o fotos de inspiración. Se puede utilizar un corcho donde clavar los papeles, o la pared misma. Si no contamos con una gran superficie, unos pocos centímetros cuadrados bastan para poner lo importante.

Houd je spullen up-to-date
Bleiben Sie auf dem Laufenden
Ten tus elementos al día

Zorg ervoor dat er in de bakjes op je bureau alleen dingen zitten die je nodig hebt, en niets anders. Het komt heel vaak voor dat bakjes gevuld raken met kleine dingetjes die in huis rondslingeren en je gum en puntenslijper hun ruimte moeten delen met speelgoedonderdelen, batterijen of oude facturen. Ruim je werkplek regelmatig op.

Stellen Sie sicher, dass alle Behälter auf dem Schreibtisch nur mit den gewünschten Gegenständen gefüllt werden. Es passiert zu leicht, dass die Schachteln mit kleinen Gegenständen vermüllt werden, die überall herumliegen, und so beginnt der Radierummi oder der Anspitzer seinen Platz mit zerbrochenen Spielsachen, Batterien oder alten Rechnungen zu teilen. Reinigen Sie Ihren Arbeitsbereich regelmäßig.

Procura que los contenedores del escritorio tengan las cosas que necesitas y nada más. Es muy común que estas cajitas se vayan llenando de objetos pequeños que van dando vueltas por la casa, terminando la goma o el sacapuntas compartiendo el espacio con pedazos de juguetes rotos, pilas o facturas viejas. Haz regularmente una limpieza de tu espacio de trabajo.

Een bureau kan overal staan
Schreibtische können überall platziert werden
El escritorio en cualquier lugar

Het hangt natuurlijk een beetje af van het soort werk dat je doet, maar in principe kan een bureau overal staan. Het voordeel van thuiswerken is dat je je werkplek kunt aanpassen aan je humeur. Je kunt vanuit je luie stoel werken of op een paar kussens op de grond gaan zitten. Kijk welke plekken jij fijn vindt en die geschikt zijn om te werken en richt die zo in dat ze comfortabel en praktisch voor je zijn.

Je nach Art Ihrer Arbeit kann ein Schreibtisch überall sein. Der Vorteil des Arbeitens zu Hause ist, dass Sie je nach Stimmung überall arbeiten können – in einem Sessel oder mit ein paar Kissen auf dem Boden sitzend. Wenn bestimmte Orte Sie ansprechen und sich zum Arbeiten eignen, treffen Sie die notwendigen Vorkehrungen, diese Räume bequem und praktisch zu gestalten.

Dependiendo del trabajo, un escritorio puede estar en cualquier lado. La ventaja de trabajar en casa es que se puede ir cambiando de lugar según el estado de ánimo. Se puede trabajar desde un sillón o sentados en el suelo con unos almohadones. Si identificas los lugares que te agradan y que se prestan al trabajo, haz los arreglos necesarios para que sean espacios prácticos y confortables.

Mijn eigen kleine wereldje
Mein eigenes kleines Reich
Mi pequeño mundo privado

Er zijn oplossingen voor wie geen eigen ruimte heeft, maar wel een eigen bureau nodig heeft waar niemand anders bij kan. Een praktische optie is een bureau met deuren waar alles achter zit wat je nodig hebt, zoals je computer.

Es gibt Lösungen für alle, die kein eigenes Arbeitszimmer haben, aber Sie müssen einen privaten Schreibtisch haben, auf den sonst niemand zugreifen kann. Praktisch ist ein Schreibtisch mit Türen, hinter denen Sie alles finden, was Sie brauchen.

Hay soluciones para todo aquel que no dispone de un espacio propio pero que necesita tener un escritorio íntimo al que nadie más tenga acceso. Una práctica opción es un escritorio con puertas que al abrirse revela todo lo necesario, como el ordenador.

Neem je werk niet mee naar bed
Nehmen Sie keine Arbeit mit ins Bett
No lleves el trabajo a la cama

Volgens feng shui is het niet goed om te werken en te rusten op dezelfde plek, omdat belangrijke energiestromen elkaar dan tegenwerken. Als je geen keuze hebt, maak je bureau dan zo aangenaam mogelijk. Kies voor nuttige en aantrekkelijke spullen en omring je bureau met rustgevende en warme afbeeldingen.

Gemäß dem Feng-Shui ist es nicht gut, am selben Ort zu arbeiten und zu ruhen, weil die entsprechenden Energien einander entgegenwirken. Wenn Sie keine Wahl haben, versuchen Sie sicherzustellen, dass das, was Sie auf Ihrem Schreibtisch haben, so freundlich wie möglich ist. Wählen Sie nützliche und attraktive Objekte und schmücken Sie Ihren Schreibtisch mit entspannenden und beruhigenden Bildern.

Según el *feng shui* no es bueno compartir el lugar de trabajo con el lugar donde descansamos, ya que son energías que se contrarrestan. Si no hay más remedio, procura que lo que tengas sobre el escritorio sea lo más amigable posible. Elige útiles y objetos atractivos y rodea el escritorio de cuadros con imágenes relajantes o de ocio.

Een plek om te relaxen
Ein Ort zum Entspannen
Un lugar donde explayarse

Als je voldoende ruimte hebt op je bureau kun je weleens overmoedig worden en nemen spullen en papier de boel over. Check stapels papierwerk, de staat en actualiteit van vakbladen en boeken, lijstjes en agenda's met regelmaat. Een opgeruimd bureau geeft een opgeruimd hoofd.

Wenn Sie viel Platz auf Ihrem Schreibtisch haben, kann es vorkommen, dass Sie übermütig werden und Objekte und Papiere überhandnehmen. Alle Dinge auf dem Schreibtisch sollten regelmäßig auf ihre Gültigkeit hin überprüft werden. Ein aufgeräumter Schreibtisch beruhigt Ihre Gedanken.

Cuando se tiene mucho espacio disponible en un escritorio sucede a veces que uno se confía y deja que los objetos y los papeles vayan tomando el lugar. Habría que revisar regularmente las pilas de papel, el estado y utilidad de las revistas y libros de referencia y la vigencia de las listas y calendarios. Mantener el lugar despejado ayudará a despejar la mente.

KINDERKAMERS

Kinderen hebben een ruimte nodig om hun creativiteit te ontwikkelen, te spelen en te rusten. Hier zien we voorbeelden van kinderkamers waarin deze activiteiten naadloos naast elkaar bestaan en waar slimme opbergsystemen de hoofdrol spelen.

KINDERZIMMER

Kinder brauchen einen Raum, in dem sie ihre Kreativität entfalten und spielerische wie erholsame Augenblicke erleben können. Hier sehen wir Beispiele von Kinderzimmern, in denen diese Aktivitäten reibungslos und kreativ koexistieren und intelligente Aufbewahrunsmöglichkeiten eine Hauptrolle spielen.

ESPACIOS INFANTILES

Los niños requieren de un espacio donde puedan desarrollar su creatividad, sus momentos de juego y su descanso. Veremos aquí ejemplos de habitaciones infantiles donde estas actividades conviven de manera fluida y creativa y donde el almacenaje inteligente de los objetos juega un rol protagonista.

Bij de hand
Zur Hand sein
Al alcance de la mano

Kinderkamers moeten toegankelijk zijn. Het is belangrijk om een omgeving te scheppen die kinderen zonder gevaar of beperkingen kunnen ontdekken. De meubels moeten voldoende speelruimte overlaten en alles wat ze nodig hebben moeten ze zelf kunnen pakken. Boekenplanken op ooghoogte, stoelen op maat en lage speelgoeddozen zorgen ervoor dat niets hun nieuwsgierigheid in de weg staat.

Kinderzimmer müssen zugänglich sein. Es ist wichtig, eine Umgebung zu schaffen, die Kinder ohne Risiken oder Einschränkungen erkunden können. Die Möbel müssen freies Spiel ermöglichen, und alles, was sie brauchen, sollte in ihrer Reichweite sein. Bücherregale in Augenhöhe, angepasste Stühle und niedrige Spielzeugkisten sind der Schlüssel, um ihrer Neugier keine Steine in den Weg zu legen.

El dormitorio de los niños debe serles accesible. Es importante crearles un ámbito que puedan explorar sin riesgos ni limitaciones. El mobiliario debe acompañar su juego libre y todo lo que necesitan debería estar a su alcance. Bibliotecas a la altura de sus ojos, sillas a su medida y jugueteros bajos son la clave para no ponerle obstáculos a su curiosidad.

Een vaste plek voor alles
Ein Ort für alles
Un lugar para cada cosa

Om kinderen zelf hun kamer op te laten ruimen moeten we dat gemakkelijk voor ze maken. Geef alles een vaste plek zodat ze hun spullen makkelijk kunnen vinden en opbergen. Gekleurde strepen in de hal die voor elk kind een eigen hoekje afbakenen of hangende bakken voor elk soort speelgoed zijn strategieën om de situatie stabiel en veilig te houden.

Um Kinder dazu zu bringen, ihr Zimmer aufzuräumen, sollten wir ihnen diese Aufgabe erleichtern, Ihnen einen Bezugspunkt geben, Gegenstände, die leicht gefunden und weggelegt werden können. Farbige Streifen in einem Flur, die für jedes Kind eine Ecke markieren, oder spezielle Hängebehälter für jede Art von Spielzeug sind Mittel, die ebenfalls für Stabilität und Sicherheit sorgen.

Para lograr que los niños ordenen su cuarto deberíamos facilitarles el trabajo. Dándoles un espacio de referencia, los objetos se podrán encontrar y guardar fácilmente. Franjas de colores en un *hall* que crean un rincón para cada niño o contenedores específicos que se cuelgan para cada tipo de juguete son estrategias que ayudan también a brindarles estabilidad y seguridad.

Speelgoed afwisselen en weggooien
Spielzeug austauschen und entsorgen
Rotar y desechar juguetes

Kinderen groeien. Check hun speelgoed regelmatig en doe weg wat kapot is of waar ze niet langer mee spelen omdat ze er te oud voor zijn. Berg dat wat ze negeren tijdelijk op. Als je het later weer tevoorschijn haalt, zijn ze vaak zo verrast alsof het nieuw is.

Kinder häufen Dinge an. Überprüfen Sie regelmäßig ihre Spielsachen und ziehen Sie diejenigen aus dem Verkehr, mit denen sie aufgrund ihres Alters oder, weil sie kaputt sind, nicht mehr spielen. Verbergen Sie auch vorübergehend die Spielsachen, die sie ignorieren. Wenn Sie sie einige Zeit später hervorholen, werden Sie sehen, wie Ihre Kinder das Spielzeug begrüßen, als sei es ein neues.

Los niños acumulan. Periódicamente revisa lo que tienen y saca de la circulación aquellos juguetes que ya no usan por su edad o porque están rotos. También haz desaparecer momentáneamente aquellos a los que no les prestan atención. Cuando los vuelvas a hacer aparecer un tiempo después, verás cómo se sorprenden como si fuesen nuevos.

Opbergruimten in de hoofdrol
Der Stauraum ist der Star
El almacenaje como protagonista

Opbergruimten kunnen bijdragen aan de structuur en de uitstraling van de kamer. Je kunt onderbenutte ruimten gebruiken: een smalle wand als boekenkast of de ruimte onder het raam voor een lange speelgoedkist waar je ook spullen bovenop kunt zetten. Met kleurrijk speelgoed kun je een kleurenpalet creëren dat bij de inrichting van de kamer past.

Stauraum kann Ihnen helfen, einem Kinderzimmer Struktur und Persönlichkeit zu geben. Sie können bislang vernachlässigte Stellen benutzen: eine dünne Säule als Bücherregal oder den Raum unter dem Fenster als lange Spielzeugkiste und Stützfläche. Mit bunten Spielsachen für Kinder können Sie Farbpaletten erstellen, je nachdem, wie Sie den Raum dekorieren möchten.

Los espacios de almacenaje te pueden ayudar a dar estructura y personalidad a la habitación. Se pueden utilizar espacios desaprovechados: una delgada columna como biblioteca o el hueco bajo la ventana como un largo juguetero y superficie de apoyo. Con sus coloridos juguetes puedes crear paletas de color acorde a la decoración que quieras brindarle al cuarto.

De kracht van rommel
Die Macht der Unordnung
El poder del desorden

Bij de indeling van een kinderkamer moet je ook rekening houden met voldoende speelruimte. Hangmatten, tenten en veel lege ruimte waar ze hun creativiteit in kwijt kunnen. Kinderen moeten rommel op hun kamer kunnen maken, de richtlijnen die je ze geeft om op te ruimen zijn alleen om ze te helpen, niet om ze te beperken.

Bei der Gestaltung eines Kinderzimmers sollte auch berücksichtigt werden, dass Freiraum vorhanden ist: Hängematten, Zelte und andere Orte, die sie mit ihrer eigenen Kreativität füllen können. Kinderzimmer müssen für Unordnung gemacht werden, Ordnungsprinzipien sollten nur helfen und nicht einschränken.

Al idear la habitación de los chicos también hay que tener en cuenta que tengan espacio para ser libres. Hamacas, carpas y muchos espacios vacíos para que ellos completen con su propia creatividad. Los cuartos de los niños deben estar hechos para desordenarse; las pautas de orden que les brindes solo deben ayudarlos y no limitarlos.

Gebruik de hoogte, voeg een niveau toe
Raumhöhen nutzen
Usa la altura, sube un nivel

Denk bij het uitzoeken van meubels na over hoe je de beschikbare ruimte optimaal kunt benutten. Het bed hoeft niet op de vloer te staan, je kunt voor jonge kinderen ook een hoogslaper kiezen en een speelhoek eronder maken. Door een niveau toe te voegen creëer je een nieuwe omgeving voor een bureau, luie stoel of zelfs voor een eigen zithoek waar ze tv kunnen kijken en met hun vriendjes kunnen spelen.

Bei der Auswahl von Möbeln sollten Sie berücksichtigen, wie Sie den verfügbaren Platz optimieren. Das Bett muss nicht auf den Boden, es kann nach oben gehen, um ein Spielhaus und eine Spielecke für jüngere Kinder zu schaffen. Indem Sie mehr Höhe hinzufügen, können Sie mit einem Schreibtisch, Sessel und quasi einem eigenen Wohnzimmer eine neue Umgebung schaffen, in der sie fernsehen und mit ihren Freunden spielen können.

Cuando elijas el mobiliario debes que tener en cuenta cómo optimizar el espacio. La cama no tiene por qué ir al ras del suelo, puede ir más arriba para crear una casita y rincón de juego para los más pequeños. Sumándole más altura puedes crear un nuevo ambiente con su escritorio, sillón y hasta su propia sala de estar para ver televisión y juntarse con sus amigos.

Stapelbedden in de lucht
Etagenbetten nach oben
Literas a tu aire

Stapelbedden zijn geweldig omdat ze de bruikbare ruimte van een kleine kamer verdubbelen. Het nadeel is dat je er soms een beetje claustrofobisch van wordt. Stel het bovenste bed zo hoog mogelijk op, zodat degene die onder slaapt zich zo min mogelijk opgesloten voelt.

Etagenbetten sind fantastisch, weil sie das Platzangebot eines kleinen Raumes verdoppeln können. Der Nachteil ist, dass sie manchmal etwas klaustrophobisch sind. Legen Sie also, soweit möglich, die obere Koje höher, sodass der Bewohner der Koje sich nicht eingekeilt fühlt.

Las literas son fantásticas ya que un cuarto pequeño puede duplicar su espacio de uso gracias a ellas. La desventaja que tienen es que a veces pueden ser un tanto claustrofóbicas. En la medida de lo posible, eleva la cama de arriba para que el ocupante de abajo no se sienta encajonado.

Op maat gemaakt om te spelen
Maßgeschneidert zum Spielen
A la medida del juego

Met maatwerkmeubelen kun je elke beschikbare millimeter benutten. Knuffels en boeken kunnen in hoekjes en smalle ruimten tussen het bed en de muur opgeborgen worden. De trap kan aan de bovenkant en zijkant open om er speelgoed in op te bergen. Het meubel is zo ontworpen dat alles zijn eigen plek heeft zonder dat dit ten koste gaat van de speelruimte.

Mit maßgefertigten Möbeln können Sie jeden Millimeter Platz ausnutzen. Stofftiere und Bücher lassen sich in den Ecken zwischen Bett und Wand verstauen, die Treppe hat eine Vorder- und Seitenabdeckung zum Verstauen von Spielzeug. Die Möbel sind so konzipiert, dass alles seinen Platz findet, ohne dass Spielfläche verloren geht.

Los muebles a medida le sacan partido al espacio hasta el último milímetro. Los peluches y libros pueden guardarse en los recovecos que quedan entre la cama y la pared, las escaleras tienen tapa frontal y lateral para guardar juguetes. Un mobiliario pensado para que todo tenga su sitio sin sacrificar espacio libre de juego.

De magie van hoeken
Zauberhafte Ecken
La magia de los rincones

Het kan heel interessant zijn om een ruimte met objecten op te delen. Kamerschermen of vergelijkbare structuren vormen een afscheiding tussen verschillende plekken en kunnen op een speelse manier als organizer gebruikt worden. Beperk je niet tot muren, met verplaatsbare objecten kun je ook een afscheiding creëren. Gebruik ze bijvoorbeeld om lastig op te bergen verkleedspullen op te hangen en bij de hand te houden.

Mobile Trennwände sind eine interessante Option. Raumteiler oder ähnliche Strukturen helfen dabei, unterschiedliche Umgebungen zu erzeugen, und können wiederum spielerisch eingesetzt werden. Beschränken Sie sich nicht auf Wände. Verwenden Sie Raumteiler zum Beispiel zum Aufhängen von Verkleidungen, die schwer zu lagern sind und so in Reichweite bleiben.

Dividir el espacio con objetos es una posibilidad interesante. Los biombos o estructuras como esta ayudan a generar diferentes ambientes y, a su vez, sirven como organizadores de una manera lúdica. No te limites a las paredes, puedes crear divisiones con objetos móviles. Úsalos, por ejemplo, para colgar los disfraces que son difíciles de almacenar y tener a mano.

Een optimaal benutte slaapkamer
Ein optimiertes Schlafzimmer
Un dormitorio optimizado

Deze slaapkamer vat alles wat een goede kinderkamer behelst samen: hij heeft diverse magische plekken en er is optimaal gebruikgemaakt van de ruimte. Op slechts één vierkante meter is een boomhut met een leeshoek eronder verwezenlijkt. Het opklapbureau met geïntegreerde planken zorgt voor speelruimte als het niet gebruikt wordt.

Dieses Schlafzimmer vereint alles, was in einem Kinderzimmer gut ist: Es schafft unterschiedliche magische Umgebungen und optimiert das Raumangebot. Ein Baumhaus mit einer Leseecke darunter wurde auf einer Fläche von nur einem Quadratmeter erreicht. Auf der anderen Seite schafft ein aufklappbarer Schreibtisch mit Regalen im Inneren Raum, wenn er nicht in Gebrauch ist.

Este dormitorio resume todo lo que está bien en una habitación infantil: crea diferentes ambientes mágicos y optimiza el espacio. Una casa en el árbol y un rincón de lectura debajo se lograron en un solo metro cuadrado. Por otro lado, un escritorio con tapa abatible y estantes en su interior libera el espacio cuando no está en uso.

Recycle hun fantasie
Auf neue Gedanken gebracht
Recicla su imaginación

Open je ogen en vind nieuwe manieren om de spullen om je heen te gebruiken. Hang metalen manden aan de wand, hergebruik conservenblikken of groentekistjes als bakjes en kastjes. Dit zijn simpele en goedkope ideeën om de kinderkamer te organiseren. Deze manier van omgaan met spullen maakt kinderen de waarde van recyclen en de kracht van fantasie duidelijk.

Öffnen Sie Ihre Augen und finden neue Anwendungen für die Objekte in Ihrer Umgebung. Metallkörbe an die Wand zu hängen und Blechdosen oder Gemüsekisten als Regale wiederzuverwerten, sind einfache und ökonomische Ideen, die helfen, das Kinderzimmer zu organisieren. Mit diesen Objekten umzugehen vermittelt den Kindern den Wert von Recycling und die Kraft der Fantasie.

Abre los ojos y encuéntrale nuevos usos a los objetos que tienes a tu alrededor. Cestas metálicas colgadas de la pared, latas de alimentos reutilizadas o cajones de verdura como estantes son ideas simples y económicas que ayudaran al orden en el cuarto de los niños. Interactuar con estos objetos les mostrará el valor del reciclaje y el poder de la imaginación.

Waardeer hun creaties
Würdigen Sie ihre Kreationen
Pon en valor sus creaciones

Kinderen voelen zich gewaardeerd als je hun kunstwerkjes ophangt. Je kunt de creaties apart inlijsten en allemaal bij elkaar ophangen, zoals in de kamer rechts. Op de afbeelding links is een flexibelere oplossing te zien: de tekeningen hangen aan clipboards en kunnen makkelijk verwisseld worden, wat gezien de overvloedige creativiteit van kinderen heel handig kan zijn.

Die Kunst der Kinder zu zeigen, ist ein Weg, Ihre Wertschätzung zu vermitteln. Eine Möglichkeit besteht darin, ihre Zeichnungen gerahmt zu gruppieren, wie auf der Abbildung rechts gezeigt. Für eine flexiblere Lösung zeigt das linke Bild Zwischenablagen mit Clips, in denen die Zeichnungen leicht gegen neue ausgetauscht werden können.

Exhibir el arte de los niños es una manera de que se sientan valorados. Una opción es enmarcar sus creaciones y ponerlas todas juntas como en el cuarto de la derecha. Para una solución mas flexible, la imagen de la izquierda muestra portapapeles con clips donde se pueden cambiar los dibujos a medida que la prolífica creación de los niños lo requiera.

Lezen verplicht
Pflichtlektüre
De lectura obligatoria

Een kinderkamer kan niet zonder goede leeshoek. Kinderen moeten bij hun boeken kunnen en ze makkelijk kunnen zien. Een tijdschriftenrek waar de boeken met de kaft naar voren op staan maakt de keuze simpel. De boekenstandaard van acryl draagt daar ook aan bij. Je kunt de boekenselectie aanpassen aan actuele voorkeuren en onderwerpen.

Kein Kinderzimmer ohne einen guten Leseplatz: Alle Bücher müssen im Blick und griffbereit sein. Ein Display mit nach vorne weisenden Buchdeckeln hilft ihnen, eine einfache Wahl zu treffen, und das Acryl-Finish des Bücherregals unterstützt dies ebenfalls. Die verfügbare Auswahl kann je nach Geschmack und aktuellen Themen geändert werden.

En ningún dormitorio infantil puede faltar un buen espacio de lectura. Los libros tienen que estar al alcance de sus manos y fáciles de visualizar. El formato de revistero, con las tapas hacia adelante los ayuda a elegir fácilmente y el acrílico de la biblioteca facilita la tarea. La selección se puede ir cambiando según los gustos y temáticas del momento.

Het kinderkantoor
Das Kinderbüro
El despacho infantil

Door de school- en knutselspullen van je kind op één plek te verzamelen stimuleer je hem om te gaan zitten en met zijn huiswerk aan de slag te gaan. Het creëren van een rustig, afgebakend hoekje helpt ook. Het verhoogde podium op de afbeelding rechts zorgt voor een perfect afgebakende ruimte en voor extra opbergruimte onder de vloer.

Studien- und Kunstmaterialien an einem Ort zusammenzufassen erleichtert Kindern das Hinsetzen und Hausaufgabenmachen. Eine ruhige, abgegrenzte Ecke hilft ebenfalls. Die erhöhte Plattform im Bild rechts schafft eine perfekt isolierte Fläche, die sogar zusätzlichen Stauraum unter dem Boden bietet.

Concentrar los materiales de estudio y de arte de los niños en un solo lugar es una manera de facilitarles la tarea a la hora de sentarse a trabajar. Crear un rincón tranquilo y delimitado ayuda también. La plataforma elevada que muestra la imagen de la derecha logra un perfecto espacio aislado y permite espacio extra de almacenaje bajo el suelo.

Het geheim van opklapmeubelen
Geheimnisvolle Klappmöbel
El secreto de los muebles abatibles

Met opklapmeubelen kun je een ruimte optimaal benutten en verbergen wat je niet wilt zien. Met deze verschoontafel staan de verzorgingsproducten niet onnodig in het zicht en heb je ook geen groot meubel nodig om de baby te verschonen, omdat alles op de ingebouwde plank ligt. Als je hem dichtklapt zie je een decoratief design, en als je hem uitklapt heb je alle spullen die je nodig hebt om je baby te verschonen voorhanden.

Klappbare Möbel optimieren nicht nur den Platz, sondern verbergen auch, was man nicht sehen möchte. Dieser Wickeltisch macht es überflüssig, die Hygieneprodukte des Babys ständig im Auge zu haben, und man braucht auch kein großes Möbelstück, um Windeln zu wechseln, denn er verbirgt alles in seiner Tür. Wenn er geschlossen ist, zeigt er ein ansprechendes Design.

Los muebles abatibles no solo optimizan el espacio, sino que ayudan a ocultar lo que no quieres ver. Con este cambiador no es necesario tener los productos de higiene del bebé a la vista, ni pensar en un gran mueble para cambiarlo, porque todo queda contenido dentro de su tapa. Cerrado tiene un diseño atractivo y abierto tiene toda la practicidad que necesitas.

Een andere draai
Eine weitere Drehung der Schraube
Otra vuelta de tuerca

De kinderkamer moet een ruimte zijn die losstaat van conventies. Voel de moed om een kapstok vol in het zicht te zetten en zo een omkleedplek te creëren. Opbergdozen kun je versieren met dierengezichten, planken die in het zicht hangen kun je in gekke kleurencombinaties schilderen en voor extra opbergruimte kun je een kleiner matras op het bed leggen.

Kinderzimmer sollten Konventionen hinter sich lassen. Fühlen Sie sich ermutigt, eine Garderobe in Sichtweite platzieren oder oder einen Verkleidungsecke einzurichten. Behälter können mit Tiergesichtern verziert werden. Lose Farbanordnungen können für sichtbare Regale verwendet, eine kleinere Matratze kann auf einem Bett platziert werden, um zusätzlichen Stauraum zu schaffen.

Es un espacio para salir de lo convencional. Anímate a poner un perchero a la vista para la ropa o a crear un área de disfraces. Los cubos pueden tener caras de animales, los colores desordenados cobrar protagonismo en estantes a la vista y a una cama le puedes poner un colchón más pequeño para añadir un espacio de almacenaje.

NOMADISCH OPRUIMEN

In dit 'post-ownership'-tijdperk, waarin het niet draait om bezit maar om beleving, is de manier waarop we ons huis ervaren nog altijd belangrijk. Voor sommige mensen is een huis niet meer dan een aantal voorwerpen waar ze zich prettig bij voelen en die ze meenemen als ze onderweg zijn of reizen.
Hier vinden we meubelen die helpen om een steeds veranderende woonomgeving op orde te houden en die makkelijk te vervoeren zijn als de volgende reis zich aandient.
Voor wie niet vaak reist maar wel verlangt naar een overzichtelijk en prettig huis, hebben we wat ideeën om lekker te kunnen relaxen zonder dat er wanorde op de loer ligt.

AUFRÄUMEN FÜR NOMADEN

In Zeiten, wo es weniger um Besitz als um Erfahrungen geht, ist das Zuhause immer noch wichtig. Für manche reicht es schon, wenn sie auf Reisen einige ausgewählte, vertraute Gegenstände dabeihaben, um sich wohlfühlen.
Hier finden Sie Möbel, die helfen, einen sich ständig verändernden Haushalt zu organisieren, und leicht zu transportieren sind.
Denjenigen, die nicht so viel rumkommen, aber ein übersichtliches und angenehmes Zuhause anstreben, bieten wir einige Ideen an, um sich entspannen zu können, ohne von der Unordnung übermannt zu werden.

ORDEN NÓMADA

En esta era del «post ownership», donde lo que importa no son las posesiones sino las experiencias, la experiencia del hogar sigue siendo importante.
El hogar puede ser para algunos unos pocos objetos que los acompañan en sus mudanzas y viajes y los hacen sentir como en casa.
Se muestran aquí muebles que ayudan a mantener el orden en un hogar que siempre cambia y que a la hora de emprender el viaje nuevamente son sencillos de transportar.
Para los que no son asiduos viajeros pero quieren un hogar libre y despejado, se dan ideas para que puedan explayarse a gusto sin que el desorden los sorprenda.

Als een slak
Wie eine Schnecke
Como un caracol

Het huis, en niet zo zeer een specifieke plek, kan gedefinieerd worden als een schild voor de dierbare objecten die je met je meedraagt. Deze objecten moeten lichtgewicht, demonteerbaar, persoonlijk en flexibel in gebruik zijn. Ze moeten ook esthetische en emotionele waarde hebben waardoor ze het verdienen om verplaatst te worden.

Ein Haushalt muss nicht unbedingt an einen ganz bestimmten Ort gebunden sein. Es kann auch als ein Panzer von geliebten Objekten definiert werden, den Sie mit sich tragen. Diese Objekte müssen leicht, demontierbar, persönlich und flexibel verwendbar sein, abgesehen davon, dass sie einen ästhetischen und emotionalen Wert haben, um mit auf Reisen genommen zu werden.

El hogar, más que un lugar específico, se podría definir como un caparazón de objetos queridos que uno lleva consigo. Estos objetos deben ser livianos, desmontables, personalizados y flexibles en su función, además de poseer un valor estético y emocional que los haga merecedores de estos traslados.

Het nomadisme van weleer
Reisen wie anno dazumal
El nomadismo de antaño

Nomadisme is geen nieuwe trend, zoals te zien is aan deze reiskisten die onze voorouders op schepen meenamen. De dynamiek van het moderne leven is veranderd, en het is ondenkbaar dat we zo'n meubelstuk tegenwoordig altijd zouden meesjouwen, maar de geest is overeind gebleven: we reizen graag met onze eigendommen naar verschillende bestemmingen.

Die Idee des Nomadentums für Objekte ist nicht neu, wie diese Seekisten zeigen, die unsere Vorfahren auf Schiffen mitnahmen. Die Dynamik des modernen Lebens hat sich verändert, und es heute undenkbar, ein solches Möbelstück mit auf Reisen zu nehmen, wohin auch immer wir gehen, aber der Geist bleibt bestehen: von unseren Besitztümern begleitet zu werden, wenn wir reisen.

La idea de nomadismo en los objetos no es nueva, lo demuestran estos baúles roperos que llevaban nuestros ancestros en los barcos. La dinámica de la vida moderna cambio y sería inconcebible estar trasladando semejante mueble con nosotros cada vez que viajamos, pero el espíritu está intacto: el de ser acompañados por nuestras posesiones en los distintos destinos.

Boeken in beweging
Bücher unterwegs
Libros en movimiento

Boekenkasten zijn het lastigst om te verhuizen: ze zijn of ingebouwd of te groot. Als gevolg daarvan eindigen boeken na een verhuizing vaak in dozen of op de vloer. Voor een mobiele boekenkast hoef je geen gaten in de muur te boren; je kunt het scherm eenvoudig open- en dichtklappen.

Bücherregale sind zu lästig und zu sperrig, um sie mit auf Reisen zu nehmen. Wenn Sie sich von einem Ort zum anderen bewegen, werden Ihre Bücher oft entweder in Schachteln verpackt oder über den Boden verstreut. Dieses mobile Bücherregal benötigt keine Löcher in der Wand, es kann einfach durch Auseinander- bzw. Zusammenklappen montiert und demontiert werden.

Las bibliotecas son de las cosas más engorrosas para llevar de casa en casa: o están empotradas o son demasiado voluminosas. Es así como uno se queda entre mudanza y mudanza con libros metidos en cajas o diseminados por el suelo. Esta biblioteca móvil no necesita de agujeros en la pared, por lo que se puede montar y desmontar en un simple abrir y cerrar del biombo.

Slaapliedje
Schlaflied
Canción de cuna

Deze stapelbare dozen zijn licht en stevig en je kunt ze in een koffer meenemen. Ze zijn op veel verschillende manieren te gebruiken, afhankelijk van je behoefte. Hier wordt de doos als nachtkastje gebruikt, met een la voor kleine spulletjes. Continu verhuizen is minder traumatisch als je bij aankomst in je nieuwe huis een vertrouwde plek hebt om je dierbare spulletjes te bewaren.

Diese stapelbaren Boxen sind leicht und robust, und man kann sie in einem Koffer tragen. Sie sind vielfach einsetzbar. In diesem Fall wurden sie als Nachttisch mit einer Schublade für kleine Gegenstände verwendet. Eine ständig wechselnde Adresse wird weniger traumatisch, wenn die geliebten Dinge in einer solchen Box ganz unkompliziert mit auf Reisen gehen.

Estas cajas apilables son livianas y resistentes y las podemos llevar en una maleta. Tienen un sinfín de usos que van cambiando según las necesidades. En este caso se usaron como mesilla de noche con un cajón para los objetos pequeños. Llegar a una nueva casa y tener lugares familiares donde guardar los objetos queridos hace menos traumáticos los cambios de domicilio constantes.

Dozen als bagage
Boxen als Gepäck
Cajas como maletas

Stapelbare dozen kun je op de vloer, een tafel of kruk zetten en ze zo de gewenste hoogte geven. Je kunt er accessoires, ondergoed, T-shirts, foto's, bureauspullen enzovoort in opbergen. Omdat er laden in zitten kun je je eigendommen tijdens het reizen of verhuizen zo in de doos vervoeren.

Stapelbare Boxen können auf den Boden, auf einen Tisch oder Hocker gestellt werden. Das gibt ihnen die gewünschte Höhe. Verstauen Sie hier Accessoires, Unterwäsche, T-Shirts, Fotos, Schreibtischutensilien usw. Praktisch sind auf Reisen auch die Schubfächer.

Las cajas apilables se pueden colocar en el suelo, sobre una mesa o sobre un taburete, dándole la altura que se necesite. Se pueden guardar allí accesorios, ropa interior, camisetas, fotos, objetos de escritorio, etc. Al tener cajones, las posesiones pueden ser trasladadas en los viajes o mudanzas, dentro de esas mismas cajas.

Een opklaphoek
Eine mobile Ecke
Un rincón plegable

Deze bureau- en kastenhoek kun je op-
klappen en in een tas vervoeren. Als je ergens tijdelijk verblijft kun je meestal geen
gaten in de muur boren en foto's, spiegels,
lampen, enzovoort ophangen. Onder die
omstandigheden kun je profiteren van de
hoogte van deze vouwschermen en daar
wat je maar wilt aan hangen. Je werkgerei,
versiersels en papieren kun je op de planken en in de bakjes leggen.

Diese Schreibtisch- und Bücherecke kann
gefaltet und in einer Tasche transportiert
werden. Wenn Sie irgendwo nur vorübergehend sind, können Sie normalerweise
keine Löcher in die Wände bohren, um Bilder, Spiegel, Lampen usw. aufhängen. Unter solchen Umständen können Sie die
Höhe dieser faltbaren Raumteiler nutzen
und hineinhängen, was immer Sie wollen:
Vorräte, Deko-Artikel, Papiere usw.

Este rincón de escritorio y biblioteca se
pliega y se puede transportar en un bolso.
En espacios ocupados de manera efímera
generalmente no se pueden agujerear las
paredes, no pudiendo así colgar cuadros,
lámparas, espejos, etc. Se puede entonces aprovechar la altura de estos biombos
plegables y colgar de allí lo que se desee.
En sus estantes y contenedores se pueden
guardar útiles, adornos y papeles.

Het bureau in een tas
Ein Tragetisch
Escritorio en un bolso

Dit opklapbureau wordt geleverd in een leren tas om het makkelijk te kunnen vervoeren. Deze tas kun je aan de poten van het bureau hangen om er je computer, papieren en andere nuttige spullen in op te bergen. Je kunt het bureaublad dat in de tas zit gebruiken, maar ook een andere glazen of houten plaat als je een ander formaat nodig hebt. Het interessante aan dit bureau is dat je het aan de eisen van elke ruimte kunt aanpassen.

Dieser Klappschreibtisch wird zur einfachen Mitnahme in einer Ledertasche geliefert. Diese kann an den Beinen des Schreibtischs aufgehängt werden und dient zur Aufbewahrung von Computer, Papierkram und nützlichen Gegenständen. Sowohl der Tisch in der Tasche als auch jede andere Glas- oder Holzplatte können als ein Tischoberfläche dienen, wenn eine bestimmte Größe benötigt wird. Interessant ist, den Schreibtisch den Anforderungen der verschiedenen Räume anzupassen.

Este escritorio plegable entra dentro de un bolso de cuero para su fácil traslado. El mismo bolso puede ser colgado de las patas y usado para guardar el ordenador, papeles y útiles. Como tapa de escritorio sirve tanto la tabla que se encuentra dentro del bolso, como cualquier otra tabla de vidrio o madera si se necesitara una medida en particular. Lo interesante es adaptar el escritorio a las necesidades de los distintos espacios.

Pop-uphuis
Pop-up-Haushalt
Hogar *pop up*

In dezelfde logica als van andere pop-ups moet ook een nomadisch huis makkelijk in elkaar gezet en uit elkaar gehaald kunnen worden. De tijd die je doorbrengt in je tijdelijke accommodatie wil je niet omringd zijn met een vloer vol servies en dozen vol boeken. Als een slak je huis overal mee naartoe nemen: dit betekent dat je je schaarse bezittingen met zorg moet selecteren. Omdat je bij elke verhuizing geen nieuwe meubelen hoeft te kopen, bespaar je jezelf zowel geld als emoties.

Wie andere Pop-up-Dinge auch sollte ein mobiler Haushalt leicht auf- und abzubauen sein. Die Zeit in einer vorübergehenden Unterkunft müssen Sie nicht mit Kisten voller Bücher und Geschirr auf dem Boden verbringen. Ihren Haushalt wie eine Schnecke mit sich herumzutragen bedeutet, dass Sie Ihre knappen Besitztümer sehr sorgfältig auswählen müssen. Es besteht keine Notwendigkeit, für jede Reise neue Ausrüstung anzuschaffen, was sowohl wirtschaftliche als auch emotionale Ersparnisse ermöglicht.

Con la misma lógica de los *pop ups*, un hogar nómada también debería montarse y desmontarse con facilidad. El tiempo pasado en un destino temporal no tiene por qué transcurrir con cajas de libros y vajilla en el suelo. Llevar como el caracol la casa a cuestas: esto significa elegir muy bien las pocas posesiones que se tengan. No hay necesidad de comprar muebles en cada traslado, lo que redunda en un ahorro económico y emocional.

De zwerfkamer
Räume auf Wanderschaft
Habitación errante

Je kunt thuis een nomade zijn door de ligging van de kamers af te stemmen op de zon of je humeur.

Misschien ben je geen regelmatige reiziger, maar geniet je wel van ruimten met een nomadische vrije geest, zonder vaste meubelen. Zo kun je vrij en flexibel bewegen in je eigen huis. Beperk je eigendommen tot het strikt noodzakelijke om dit te bereiken.

Sie können zu Hause nomadisch leben, indem Sie Räume nach dem Lauf der Sonne oder nach Lust und Laune bewegen.

Auch wenn Sie nicht regelmäßig unterwegs sind, können Sie Räume genießen, die mit einem nomadischen Geist ausgestattet sind, offen und ohne festes Mobiliar. So können Sie sich frei und flexibel zu Hause bewegen. Ihre Besitztümer sollten dafür auf das absolute Minimum reduziert sein.

Se puede ser nómada en el propio hogar, trasladando las habitaciones según la orientación del sol o según el estado de ánimo.

Tal vez no seas un asiduo viajero, pero sí disfrutes de espacios dotados de un espíritu nómada, despejado y sin mobiliario fijo. Esto permite moverse con libertad y flexibilidad en la propia casa.

Tus posesiones deben ser las mínimas y necesarias para lograrlo.

Tassenhoek
Aus der Tasche leben
Rincón «embolsado»

Tassen bevatten ruimte. Als je thuis geen eigen bureau hebt, kies dan een geschikte tas uit om alles in te doen wat je voor je werk nodig hebt. Op die manier kun je al je spullen verplaatsen en overal een werkplek improviseren. Op dezelfde manier kun je een relaxhoek improviseren met een paar dekens, kussens, oordopjes en, zo nodig, een oogmasker tegen het licht.

Taschen schaffen Raum. Wenn Sie Ihren häuslichen Schreibtisch entbehren müssen, wählen Sie eine gute Tasche für alles, was Sie zur Arbeit brauchen. Auf diese Weise können Sie alle Ihre Utensilien bewegen und überall einen Schreibtisch improvisieren. Ebenso können Sie mit ein paar Decken, Kissen, Kopfhörern und ggf. einer Augenmaske als Lichtschutz eine Entspannungsecke improvisieren.

Los bolsos pueden contener espacios. Si no se tiene un escritorio propio en la casa, conviene elegir un buen bolso que contenga todo lo necesario para trabajar. De esta manera se pueden trasladar todos los utensilios e improvisar un escritorio en cualquier parte. De la misma manera, un rincón de relax se improvisa con unas mantas, almohadones, auriculares y, si es necesario, antifaces para tapar la luz.

Op wielen
Auf Rädern
Sobre ruedas

Trolleys zijn ideaal in open ruimten zonder afgebakende indeling. Deze indeling kun je creëren met behulp van trolleys met spullen die aan een specifieke behoefte voldoen. De tv moet op een plek staan die niet botst met andere activiteiten, de groene hoek moet de zon volgen, de schilder volgt het licht. Alles op wielen…

Rollelemente sind ideal für offene und freie Räume ohne definierte Nutzungszonen. Auf ihnen lassen sich Objekte flexibel positionieren, wann und wo im Raum sie benötigt werden. Der Fernseher sollte so platziert sein, dass er andere Aktivitäten nicht beeinträchtigt, das Grün folgt dem Lauf der Sonne wie der Maler dem Licht. Alles auf Rädern …

Los carros son ideales para espacios abiertos y despejados sin zonas de usos definidos. Estas se van creando con la ayuda de carros que contienen los objetos que se necesitan para cada ocasión. El sitio de la televisión se ubica donde no interfiera con otras actividades, el rincón verde irá tras el sol, el pintor tras la luz. Todo va sobre ruedas…

Fotografie I **Fotografie** I Fotografía

© 3Dstock / shutterstock (p. 102)
© Africa Studio / shutterstock (p. 24-25, p. 27, p. 126, p. 131, p. 135)
© Alain Brugier (p. 161)
© Alan Gastelum (p. 84, p. 100)
© Alan Tansey (p. 69)
© Alena Ozerova / shutterstock (p. 94)
© Alena Zamotaeva / iStock (p. 38)
© Alina Preciado (p. 114, p. 167)
© All About Space / shutterstock (p. 118, p. 127)
© ALNO (p. 12-13, p. 74)
© André Rider (p. 108, p. 144, p. 145)
© Andrea Simone (p. 192)
© Anna Hoychuk / shutterstock (p. 207)
© Armando Elias (p.63)
© Art Buro (p. 227)
© Asen Emilov (p. 104)
© Atelier Pfister (p. 109, p. 133, p. 175, p. 219)
© Audrey Cerdan (p. 284-285)
© Bart Michiels (p. 125, p. p. 184)
© Bruce Damonte (p. 82)
© Bulthaup (p. 205)
© cagi / shutterstock (p. 37)
© Casey Dunn, Alterstudio Architecture (p. 73)
© Cesar Arredamenti (p. 85)
© Charles Hosea (p. 195)
© Charlie Crane (p. 262)
© Christian Delbert / shutterstock (p. 208)
© CLFortin / shutterstock (p. 138)
© David Wakely (p. 176)
© Davydenko Yuliia / shutterstock (p. 37)
© Dean Bradley (p. 165)
© DESALTO (p. 103)
© Didecs / shutterstock (p. 119)
© Ditty_about_summer / shutterstock (p. 42)
© dorian2013 / iStock (p. 26)
© Durat (p. 193)
© Duravit (p. 186)

© ElenaKor / shutterstock (p. 211)
© Erik Lefvander (p. 182)
© Eugeni Pons (p. 18, p. 20-21-22, p. 23, p. 48, p. 64-65, p. 77, p. 91, p. 99, p. 162-163, p. 177, p. 191, p. 215, p. 231)
© FabrikaSimf / shutterstock (p. 119)
© Flavia da Rin (p. 10, p. 30, p. 52, p. 56, p. 86, p. 116, p. 137, p. 151, p. 212, p. 232, p. 266, p. 272-273, p. 282-283)
© Flexa (p. 244-245)
© Floral Deco / shutterstock (p. 119)
© Floto + Warner (p. 178)
© Gabor Balazs / shutterstock (p. 37)
© Gabriela Kapralova (p. 76)
© GeniusKp / shutterstock (p. 79)
© golubovystock / shutterstock (p. 44)
© House Doctor (p. 97, p. 110, p. 111, p. 214)
© Igor Karpenko (p. 230)
© iHereArt / shutterstock (p. 139)
© Interior MA2 by INT2 Architecture (p. 112)
© Jakub Dvořák (p. 70-71, p. 123)
© Jat306 / shutterstock (p. 27)
© Jimena Roquero (p. 252-253)
© Johan Annerfelt (p. 107)
© Jona Bjerre-Poulsen (p. 197)
© Kostikova Natalia / shutterstock (p. 25)
© Krethaus (p. 257)
© Kyrylo Glivin / shutterstock (p. 27)
© Laura del Piccolo (p. 98)
© LeicherOliver / shutterstock (p. 54)
© LEICHT / Küchen AG (p. 180-181, p. 204)
© Lidiya Oleandra / shutterstock (p. 78)
© Lila Casa Deco (p. 236)
© Lube (p. 83)
© Luis Teran (p. 10, p. 56, p. 86, p. 116, p. 212, p. 232, p. 266, p. 269)
© Magali Saberian (p. 51, p. 72, p. 80-81, p. 89, p. 90, p. 92, p. 96, p. 120-121, p. 124, p. 128-129, p. 130, p. 140-141-142-143, p. 148-149-150, p. 154-155, p. 159, p. 164,

p. 166, p. 168-169-170, p. 173, p. 190, p. 196, p. 198, p. 200, p. 203, p. 216, p. 220, p. 222-223, p. 229, p. 239, p. 250, p. 263, p. 270-271, p. 274-275-276-277-278-279-280-281, p. 286)
© Marina Labayen (p. 254, p. 256)
© Marina_D / shutterstock (p. 53)
© Mathew Bear (p. 217)
© Mauro Lipparini (p. 40)
© Maxx-Studio / shutterstock (p. 25)
© Michael J. Lee (p. 146)
© Mikael Axelsson (p. 107)
© Mike Neale (p. 195)
© Mikhail Rulkov / shutterstock (p. 37)
© Monkey Business Images / shutterstock (p. 134)
© Muuto
© Natalia Geci (p. 50, p. 132, p. 152, p. 156, p. 187-189, p. 251, p. 260, p. 264, p. 289)
© Néstor Marchador (p. 122)
© Nicolás fotografía (p. 61)
© Nitchakul Sangpetch / shutterstock (p. 225)
© Norm Architects (p. 197)
© OksanaAriskina / shutterstock (p. 28)
© Olo Studio (p. 16)
© OMVIVO (p. 183)
© Osvaldo Perez (p. 240-241, p. 249, p. 261)
© panna-yulka / shutterstock (p. 202)
© Patricia Ward (p. 115, p. 201)
© Peter Bennets (p. 58-59)
© Petra Hajská (p. 76)
© Philip Vile (p. 172)
© Photographee.eu / shutterstock (p. 93, p. 221)
© Pietro Arosio (p. 46)
© Pino (p. 206)
© Prasit Rodphan / shutterstock (p. 45)
© r.classen / shutterstock (p. 268)
© Raquel Langworthy (p. 234-235, p. 237-238, p. 258)
© Rasmus Norlander (p. 171)
© red mango / shutterstock (p. 14)

Dankwoord
Danksagung
Agradecimientos

p. 232 Voor dit hoofdstuk gaat onze dank uit naar **Marina Labayen**, in kinderdesign gespecialiseerd auteur voor Blog Chic Kids; zij heeft ons geholpen te begrijpen wat de concrete behoeften van kinderen zijn in kinderkamers.

S. 232 Unser Dank geht an die Journalistin **Marina Labayen**, Spezialistin für Kinderdesign und Autorin des Chic Kids Blog; sie hat uns geholfen, die konkreten Bedürfnisse und Kindern und ihre Anforderungen an Kinderzimmer zu begreifen.

p. 232 Se convocó para este capítulo a **Marina Labayen**, periodista y especialista en diseño infantil del Blog Chic Kids, para ayudarnos a entender los espacios infantiles desde las necesidades concretas de los más pequeños.